좌충
우돌 **성지순례**

좌충우돌 성지순례

초판 1쇄 발행 2024년 01월 02일

지은이 김환기
펴낸이 장현수
펴낸곳 메이킹북스
출판등록 제 2019-000010호

디자인 최미영
편집 최미영
교정 안지은
마케팅 김소형

주소 서울특별시 구로구 경인로 661, 핀포인트타워 912-914호
전화 02-2135-5086
팩스 02-2135-5087
이메일 making_books@naver.com
홈페이지 www.makingbooks.co.kr

ISBN 979-11-6791-465-1(03230)
값 20,000원

ⓒ 김환기 2024 Printed in Korea

잘못된 책은 구입하신 곳에서 바꾸어 드립니다.
이 책의 전부 또는 일부 내용을 재사용하려면 사전에 저작권자와 펴낸곳의 동의를 받아야 합니다.

홈페이지 바로가기

메이킹북스는 저자님의 소중한 투고 원고를 기다립니다.
출간에 대한 관심이 있으신 분은 making_books@naver.com으로 보내 주세요.

좌충우돌 성지순례

김환기 지음

메이킹북스

프롤로그(prologue)

　배낭을 메고 5개국 30여 개 도시를 다녀왔다. 떠나기 몇 주 전부터 교회 주보에 「김환기 사관 성지학술연구」를 위한 기도 부탁을 하였다. '성지순례'라고 하였을 때는 별다른 부담이 없었는데, '학술연구'라고 하니 '유물이라도 발견하고 돌아와야 하는 것이 아닌가?' 하는 부담감을 가지고 성지로 향했다.

떠나게 된 이유

　새해 첫 주부터 교회에서 주일 저녁 예배 때 성서 강의를 하게 되었다. 몇 주 후에 교인들의 요청으로 교회 홈페이지에 글을 올렸다. 조금 힘들었지만, 성서를 정리할 좋은 기회가 되었다. 구약을 마치고 신약을 쓰기 시작했다. 신약은 구약보다 쉬울 줄 알았는데, 막상 쓰려고 하니 별로 아는 것이 없었.

　신약을 시작하기 전에 '성지순례'를 다녀와야 할 것 같은 생각이 들었다. 저녁 예배 중에 구약이 끝나는 날 신약을 찾아 떠나겠다고 이야

기했다. 시간적인 여유가 있어서도 아니고, 경제적인 넉넉함이 있어서도 아니었다. 언젠가는 반드시 가야 할 것 같아서, 별다른 생각 없이 믿음으로 결단한 것이다.

배낭여행인 이유

'지천명'이 지난 나이에 배낭을 메고, 한 번도 가보지 않은 곳을 혼자 간다는 것이 얼마나 어리석은 일인가는 현지에 도착해서 알게 되었다. 오래전 유럽 배낭여행을 다녀온 경험이 있었기에, 성지순례도 비슷하지 않겠는가 하는 막연한 생각에서 쉽게 결정했다.

처음부터 혼자 떠날 생각은 아니었다. 일정이 맞는 팀이 있다면 합류하려 했으나, 눈을 씻고 찾아보아도 없었다. 하지만 나는 혼자 떠나는 배낭여행의 장점을 잘 알고 있기에 내심 잘되었다고 생각했다.

단체여행은 본인의 의지와 관계없이 보여주는 것만 보고 들려주는 것만 듣지만, 배낭여행은 보고 싶은 것을 보고 듣고 싶은 것을 들을 수 있다. 단순한 '성지순례'가 아닌 '학술연구'라면, 배낭을 메고 떠나는 것이 정석이라고 생각한다.

일정을 변경한 이유

원래 계획은 사도 바울의 선교지인 터키를 거쳐 그리스를 다녀올 생각이었다. 터키 유적지를 탐방한 후 밧모섬을 거쳐 그리스로 가서 바울의 발자취를 돌아보고, 이스탄불에서 비행기를 타고 돌아올 예정이었다. 하지만 하나님은 내가 계획한 2개국이 아니라 5개국을 갈 수 있는 길을 열어주셨다.

아테네에서 천사를 만나 여행지를 변경했다. 마치 바울이 소아시아로 가려고 하였는데 꿈속에서 마케도니아 사람이 도와 달라고 하여 유럽으로 갔던 것처럼…. 그래서 나는 데살로니가에서 이집트를 향하는 비행기에 몸을 싣게 되었다. 시내산을 등정하는 중에 하나님은 또 한 명의 착한 천사를 보내어, 이스라엘로 직접 가고자 했던 나의 계획을 변경시켜 요르단을 경유하게 하셨다.

글을 쓰는 이유

　이 책을 출판할 수 있게 도와준 멘토와 같은 친구가 있다. 내가 생각하는 친구는 내가 없는 곳에서 나를 대신해줄 수 있는 사람이다. 그런 친구가 있다는 것은 나에게 축복이다. 그 친구의 권유로 오래전에 Christian Review에 연재하였던 '좌충우돌의 성지순례'의 글을 모아서 책으로 출판하게 되었다.

　'좌충우돌'하며 다녀왔던 작은 경험이 성지순례를 계획하는 분들에게 조금이나마 도움이 되기를 바란다. 배낭여행과 단체여행의 차이점을 발견할 기회도 되었으면 좋겠다. 무엇보다 독자 중 한 사람이라도 성지의 주인공인 예수 그리스도를 '생명의 구주'로 영접할 기회가 되기를 기도하는 마음으로 글을 썼다.

차례

프롤로그(prologue)   4

1. 이스탄불(Istanbul)   10
2. 갑바도기아(Cappadocia)   17
3. 파묵칼레(Pamukkale)   25
4. 에베소(Ephesus)   33
5. 서머나(Smyrna)   43
6. 사모스(Samos)   51
7. 밧모섬(Patmos)   59
8. 아덴(Athens)   70
9. 고린도(Corinth)   80
10. 빌립보(Philippi)   90
11. 네압볼리(NeaPolis)   99
12. 데살로니가(Thessalonica)   108
13. 카이로(Cairo)   118
14. 기자(Giza)   127
15. 올드 카이로(Old Cairo)   137

16. 알렉산드리아(Alexandria)	145
17. 다합(Dahab)	155
18. 시내산(Mt. Sinai)	165
19. 페트라(Petra)	174
20. 예루살렘(Jerusalem)	183
21. 예루살렘 성전(Temples in Jerusalem)	192
22. 예루살렘 성문과 통곡의 벽	200
23. 예루살렘의 4개 지역	211
24. 감람산 동쪽의 교회들	222
25. 쿰란(Qumran)	234
26. 가버나움(Capharnaum)	243
27. 갈릴리(Galilee)	251
28. 여리고(Jericho)	261
29. 나사렛(Nazareth)	272
30. 베들레헴(Bethlehem)	282
31. 헤브론(Hebron)	293
32. 요단강(Jordan River)	302

1. 이스탄불(Istanbul)

 서울에서 출발한 비행기는 어둠을 뚫고 이스탄불 공항에 착륙했다. 별다른 검사 없이 공항에서 나오자, 내 이름을 들고 기다리는 터키인을 만날 수 있었다. 그의 차는 '라마단의 축제등불'로 밤을 수놓은 이스탄불 거리를 질주하였다.

▲ 이스탄불 시내 야경 ⓒ김환기

'2010년 유럽 문화의 수도(Europe Capital of Culture)', '천의 얼굴을 가지고 또 하나의 얼굴을 가진 도시', '동방과 서방의 길목', '성과 속의 공존', '기독교와 이슬람의 조화', '어제와 오늘의 대화' 등의 수많은 수식어를 사용하여도 2%가 부족하여, 또 다른 용어를 찾아야 할 것 같은 도시이다.

이스탄불은 무려 1,600년간이나 두 제국의 수도로 동방과 서방의 중심 도시였다. 1차 대전에서 참패한 오스만 제국은 열강의 위협 속에서도 이스탄불을 끝까지 사수하기 위해, 대부분의 에게해 섬들을 그리스에게 양보해야만 했다. 이곳에는 성 소피아 성당, 톱카프 궁전, 술탄 아프멧 사원, 고고학 박물관, 비잔틴 지하 저수지, 돌마바흐체 궁전 등 많은 유물이 있다.

성 소피아 성당 (Hagia Sophia)

▲ 성 소피아 성당 ⓒ김환기

성 소피아 성당은 돔으로 만들어진 건축물 중 백미로 꼽힌다. '유스티아누스 황제'의 명령에 따라, 시작한 지 5년 11개월 만에 537년 12월에 낙성식을 했다. 중앙의 큰 돔은 지상에서 56.69m이고, 돔의 직경은 32.37m로 웅장한 느낌을 준다.

기독교 성당으로 지었으나 오스만 제국이 점령하고 나서는 모스크로 사용했고, 1934년부터는 박물관으로 사용되어 오늘에 이르고 있다. 내부에는 이슬람교 장식과 기독교 성화가 공존하여 있다. 로마 황제가 아기예수를 안고 있는 마리아에게 봉헌하는 모자이크 성화가 눈에 띈다. '콘스탄티누스 황제'는 '성'을, '유스티아누스 황제'가 '성당'

을 드리는 장면이다.

톱카프 궁전(Topkapr Palace)

▲ 톱카프 궁전　ⓒ김환기

　콘스탄티노플을 점령한 메흐메드 2세 황제는 기독교 제국이 남긴 궁전에서 살기를 원하지 않았다. 그는 오스만 황제에 걸맞은 새로운 궁전을 콘스탄티노플의 중심지에 짓기로 했다. '마르마라 해와 보스포러스 해협'과 골든 혼으로 둘러싸인 곳에 톱카프 궁전을 세운다. 궁전은 오스만 제국의 국사를 의논하고 결정하는 최고 기관이었다.

궁전에는 세 개의 문과 그에 딸린 넓은 마당이 있다. 셋째 문을 통과하고 마당을 지나면 해협을 한눈에 바라볼 수 있는 장소가 나타난다. 이곳 경관이 너무 아름다워 사진 찍는 포인트가 되었다.

고고학 박물관(Archaeology Museum)

▲ 고고학 박물관 ⓒ김환기

박물관은 약 6만여 점의 고고학적인 발굴품을 소장하고 있다. 이들 유물의 역사는 기원전 7000년부터 시작하여 20세기에까지 이르고 있다. 대표적인 전시물은 1887년 시리아의 시돈에 있는 왕실 가족묘 발굴 작업에 발굴된 알렉산더 대왕의 석관이라고 한다. 손으로 만질 수 없도록 유리관을 씌워 놓았다. 나는 왜 알렉산더 것이라고 하는가에 대해 의심하지 않을 수 없었다.

'마케도니아 출신으로 천하를 호령했던 알렉산더 대왕의 관이 왜 이곳에 있는 것일까?' 박물관의 주장으로는 석관에 새겨진 부조를 보면 알 수 있다는 것이다. 석관 부조에는 그리스 군대와 페르시아 군대 간의 전투 모습, 잘생긴 청년이 페르시아 병사를 쫓는 모습이 있다. 바로 그 청년이 '알렉산더 대왕'이라는 것이다. 정말 그럴까?

돌마바흐체 궁전(Dolmabahce Palace)

돌마바흐체 궁전은 압둘메지드 황제(1839-1861)에 의해 1843년에 건축을 시작하여 1856년에 완공되었다. 18개의 홀과 332개의 방을 가진 거대한 호화 궁전이다. 내부 장식에만 총 14t의 금과 40t의 은이 투입되었을 정도로 실내 장식은 웅대하고 매우 화려하다. 천장에 매달린 샹들리에 한 개의 무게가 4t이나 되는 것도 있다.

바다를 향한 문 쪽으로 걸어가면 아름다운 정원과 푸른 마르마라 해를 한눈에 볼 수 있는 방이 있다. 이곳에서 터키인의 추앙을 받던, 국부 '아타튀르크'가 1938년 11월 10일에 잠들었다.

다음 목적지는 '갑바도기아'(Cappadocia)이다. 로마에 '카타콤'(Catacomb)이 있다면, '갑바도기아'에는 1985년 세계유산(World Heritage)에 등재된 '지하도시'(Under Ground City)가 있다.

▲ 돌마바흐체 궁전 ⓒ김환기

2. 갑바도기아(Cappadocia)

 '이스탄불'에서 밤 버스를 타고 '갑바도기아'로 향했다. 민박집에서 만난 두 명의 청년과 동행했다. 이스탄불에서 갑바도기아는 750km이며 휴게소에 몇 번 정차하였으나, 나는 도착할 때까지 깊은 잠에 빠져 있었다. 새벽이 되어 버스가 정차하고, 승객들이 전부 하차하는 것이다. 잠에서 깨어나 엉겁결에 따라 내렸는데, 나중에 알고 보니 시내로 들어가기 전의 마지막 휴게소였다.

 그곳에는 여행사들이 포진하여 있었다. 자신을 터키의 '장동건'이라고 소개하는데, '장동건'과는 아주 딴판으로 생긴 사람이 우리를 사무실로 인도한다. 그는 민박과 관광코스를 소개했다. 우리는 '민박'(Pension)과 '그린투어'(Green Tour), '레드투어'(Red Tour)를 결정하고, 가격 흥정에 들어갔다. 흥정할 때면 흥정의 명수인 아브라함이 생각난다. 아브라함은 소돔과 고모라 성의 멸망을 막기 위해 하나님과 흥정하며 50명에서 10명까지 숫자를 내렸다(창 18장). 몇 번의 실랑이 끝에 방 하나에 3명이 같이 자는 조건으로 $45에 계약했다.

▲ 갑바도기아 열기구 ⓒ김환기

　계약이 끝나자, '장동건' 씨는 '열기구 투어'(Balloon Tour)를 소개하는 것이다. 자기가 열기구 주인이기에 아주 싸게 탈 수 있다고 한다. 함께 간 청년이 호기심에 가격을 묻자, 한 옥타브를 높여 원래는 $250인데, 특별히 $180까지 해 줄 수 있다는 것이다. 비싸서 탈 수가 없다고 하자, 다른 회사에 비하면 싼 편이라며 종용한다. 이럴 때는 무관심이 최상의 협상카드인 것 같다. 조금 후 장동건 씨는 다시 청년에게 접근하여 협상을 재개한다. 더는 깎지 말라며 $160을 제안한다. 그래도 비싸다고 하자, 이제는 자기도 어쩔 수 없다며 후퇴하는 것이다.

　하지만 그의 후퇴는 작전상 후퇴였지 포기는 아니었다. 그는 작전을 바꾸어 나에게 접근한다. 갑바도기아에서 찾아볼 수 없는 가격이니 청년을 설득해서 같이 타라는 것이다. "하룻밤 자는 데 $15인데, 열기구 한 시간 조금 넘게 타는 데 $160이라면 너무 비싸지 않습니까"라고 하자, 달갑지 않은 목소리로 "그러면 얼마면 탈 수 있겠느냐"고 묻는다. "$100 정도면 탈 수 있지 않겠습니까?" 어느새 나도 그의 상술에 말려 들어가고 있었다. 결국, 장동건 씨는 나를 설득하여 $130에 계약했다. 여행 중 이렇게 엄청난 돈을 써본 적이 없었다. 돈을 내면서 얼마나 후회했던지.

갑바도기아(Cappadocia)

갑바도기아는 성서에 두 번이나 언급된 곳이다. '예수 그리스도의 사도 베드로는 본도, 갈라디아, 갑바도기아, 아시아와 비두니아에 흩어진 나그네(벧전 1:1), 우리는 바대인과 메대인과 엘림인과 또 메소보다미아, 유대와 갑바도기아, 본도와 아시아(행 2:9)' 이곳은 동서양을 잇는 중요한 교역로에 있어 열 개가 넘는 다양한 문명의 발상지이기도 하다. 여행 중에 가이드가 "갑바도기아가 무슨 뜻인 줄 아십니까?"라고 질문한다. 아무도 대답하지 못하자, '아름다운 말의 땅'(The Land of the beautiful horse)이라 설명해 준다. 성서에는 'ia'로 끝나는 지명이 많다. '갈라디아, 비두니아, 마케도니아, 아시아' 등이다. 'ia'는 땅(The Land)이란 의미의 접미사이다. 그러니 'ia'로 끝나는 단어는 '무

2. 갑바도기아(Cappadocia)

19

엇의 땅'(The Land of Something)이란 의미가 있다. 국가 이름 중에 'ia'로 끝나는 이름이 많이 있는데 '오스트레일리아'도 그중 하나이다. 오스트레일리아(Australia)란 라틴어의 남쪽(Australis)과 땅(ia)의 합성어이다. 따라서 호주란 '남쪽에 있는 땅'이란 의미이다.

▲ 괴레메 야외 집 ⓒ김환기

괴레메 야외 박물관(Goreme Open Air Museum)

 '괴레메 야외 박물관'은 고대 수도사들의 집단거주지였는데 400채가 넘는 교회와 은자의 집 그리고 작은 수도원들이 단지를 이루고 있었다고 한다. 괴뢰메 계곡은 천연의 자연 조각품으로 길가의 집 자체가 작품이다. 이곳은 '데린구유'나 '카이막카르' 지하 도시와는 달리 지상에 있는 바위 동굴 속에 프레스코와 성화들이 교회마다 장식되어 있다. 성화들이 많이 파괴된 곳도 있으나 '투카트르' 교회 같은 곳은 서의 완벽하게 보존되어 있다. '콘스탄티노플'을 중심으로 발전된 '동방정교회'에서는 성상화(이콘) 공경이 금지되고 성상을 파괴하는 운동이 있었다. 이를 '성상파괴운동'(Iconoclasm)이라고 하는데, 8~9세기에 동로마 제국에서 전개된 종교운동으로 '성상숭배금지령'이라고도 한다. 초기 비잔틴 작품들은 이때 대부분이 파괴되고, 우리가 접하는 작품은 9세기 이후의 것들이다.

열기구 투어(Balloon Tour)

 열기구는 새벽의 어둠을 뚫고 하늘로 올라갔다. 멀리서 어스름한 빛이 보인다. 어느새 빛은 광채로 변하며, 잠든 대지를 깨운다. 이곳이 어디인가! 하늘에서 보는 갑바도기아는 지구가 아닌 다른 별나라인 것 같다. '스타워즈'(Star Wars) 영화를 이곳에서 촬영한 이유를 이

2. 갑바도기아(Cappadocia)

제는 알 것 같다. 다양한 모양의 50여 대의 열기구가 갑바도기아의 하늘을 수놓고, 찬란하게 떠오르는 태양은 기지개를 켜는 대지를 붉게 물들인다. 같이 탄 사람들의 환호성도 이제는 들리지 않는다. 창조자의 놀라운 솜씨에 압도되어, '신묘막측'하신 하나님의 성호만을 찬양할 뿐이다.

▲ 새벽을 뚫고 올라간 열기구에서 내려다본 갑바도기아는 지구가 아닌 별나라 같았다. ⓒ김환기

데린구유 지하도시 (Underground City)

▲ 로마의 박해를 피해 살았던 갑바도기아의 지하도시는 길이가 6km에 달하고 2만 명 이상을 수용할 수 있다. ⓒ김환기

갑바도기아의 '지하도시'(Underground City)는 로마의 박해를 피하여 그리스도인들이 집단으로 살았던 곳이다. 많은 지하도시가 있는데 가장 크고 잘 알려진 곳은 '데린구유 지하도시'이다. '깊은 우물'이라는 뜻을 가진 데린구유 지하도시는 현재 지하 55m의 8층까지만 일반인들에게 공개되고 있다. 길이가 6km에 달할 정도로 규모가 컸으며, 2만 명이 넘는 사람들을 수용할 수 있을 정도로 넓고 깊게 만들어졌다.

실제로 지하도시 안에는 마구간, 식당, 부엌, 물통, 공기통, 교실, 창고, 기도실, 교회 등 없는 것이 없을 정도였다. 313년 콘스탄티노플 대제의 '밀라노 칙령'으로 기독교가 공인된 후, 기독교인들은 지하동굴을 버리고 지상으로 나와 계곡이나 산지에 돌구멍을 파고 교회와 수도원을 짓기 시작했다.

이제 '파묵칼레'로 향하려고 한다. 그곳은 "네가 차지도 아니하고 더웁지도 아니하도다. 네가 차든지 더웁든지 하기를 원하노라. 네가 이같이 미지근하여 더웁지도 아니하고 차지도 아니하니 내가 너를 토하여 내치리라"(계 3:15-16) 책망을 들었던 '라오디게아교회'에 뜨거운 온천수를 공급한 곳이자, 예수의 제자였던 '빌립'이 잠든 곳이기도 하다.

3. 파묵칼레(Pamukkale)

"터키 음식이 어떻습니까? 이집트 음식은 어떻습니까?" 등의 질문을 받는다. 사실 먹는 것에 별로 관심도 없고, 혼자 먹는 것에 익숙하지도 않아, 여행 중 '슈퍼마켓'이나 '간이음식점'에서 대충 끼니를 해결했다. 하지만 한 가지 기억나는 음식이 있다면, '갑바도기아'의 '항아리 케밥'(Pot Kebab)이다.

▲ 갑바도기아의 항아리 케밥 ⓒ 김환기

메뉴판에 '항아리 케밥'이라고 한글로 쓰여 있을 정도로 한국 사람들이 좋아하는 음식이다. '항아리 케밥'은 음식을 담은 항아리를 오븐이나 장작불로 익힌 후, 식탁으로 가지고 오면 주문자가 망치로 항아리를 깨서 먹는 음식이다. 맛도 맛이지만, 망치로 항아리를 깰 때의 희열은 묵었던 스트레스를 한 방에 날리기에 부족함이 없다.

'갑바도기아'에서 '파묵칼레'행 야간 버스에 몸을 실었다. 파묵칼레까지는 약 470km, 약 9시간이 소요된다. 터키 장거리 버스는 대부분이 벤츠이며 도우미가 함께 탄다. 도우미는 승객이 여행 중 불편하지 않도록 도와주는 사람으로, 틈틈이 애플티, 커피 혹은 간식 등을 제공하여 준다.

새벽에 버스가 정차한 곳은 '파묵칼레'가 아니라 '데니즐리'(Denizli)였다. 파묵칼레는 작은 도시라서 '돌무쉬'(미니버스)를 타고 가야 한다는 것이다. 어떤 버스를 타야 할지 몰라 헤매다가, 드디어 파묵칼레행 '돌무쉬'를 탈 수 있었다. 가는 도중 표지판에 '라오디게아'(Laodicea)란 글씨를 보았다. 여기가 바로 '요한계시록'에 나오는 '라오디게아 교회'가 있는 곳이다.

'라오디게아'는 물이 귀하여 9km 떨어진 '파묵칼레'에서 뜨거운 온천수를, 14km 떨어진 '호나즈 산'에서 차가운 식수를 끌어다 썼다. 그러나 '라오디게아'까지 오는 도중 온천수는 미지근하여지고, 식수

또한 작열하는 태양 빛을 받아 차지 않게 되었다. 교인들의 신앙도 물과 같이 차지도 덥지도 않고 미지근하였다.

그래서 주께서 "내가 네 행위를 아노니 네가 차지도 아니하고 덥지도 아니하도다. 네가 차든지 덥든지 하기를 원하노라. 네가 이같이 미지근하여 덥지도 아니하고 차지도 아니하니 내 입에서 너를 토하여 내치리라"(계 3:15-16) 경고하셨다.

파묵칼레(Pamukkale - Cotton Castle)

'파묵칼레'는 성서의 '히에라폴리스'(Hierapolis, 골4:13)의 현재 이름이다. 터키어로 '목화 성'이란 뜻이다. '파묵칼레'는 '하얀 솜'을 쌓아 둔 것 같기도 하고, '하얀 눈'이 쌓인 것 같기도 한 신비한 모습으로 나를 맞이한다. 하얀 석회층 위에 담긴 옥빛의 물은 만년설이 녹아 호수를 만든 것 같다. 파묵칼레는 터키 최고의 비경과 수질을 자랑하는 온천지이다.

▲ 파묵칼레 ⓒ 김환기

　석회성분을 다량 함유한 온천수가 수 세기 동안 바위 위를 흐르면서 표면을 '탄산칼슘' 결정체로 뒤덮어 마치 하얀 눈으로 덮인 산을 연상하게 한다. 석회층을 따라 올라가려고 하니, 신을 벗으라는 표지판이 버티고 있다. 이곳이 '거룩한 땅'이라서가 아니라 석회층의 훼손을 막기 위해 벗으라는 것이다. 정상에 오르니 온천수가 굉음을 내며 아래로 흐르고 있다. 따뜻한 온천수에 발을 담그자, 온기와 함께 피곤이 몰려온다.

히에라폴리스(Hierapolis)

'히에라폴리스'는 '파묵칼레'의 언덕 위에 세워진 고대 도시다. 기원전 2세기경 페르가몬 왕국에 의해 처음 세워져 로마 시대를 거치며 오랫동안 번성했다. 기원전 130년에 이곳을 정복한 로마인은 이 도시를 '히에라폴리스'(성스러운 도시)라고 불렀다. 이곳에는 로마 시대의 원형극장, 신전, 공동묘지, 온천욕장 등 귀중한 문화유적이 남아 있다.

▲ 히에라폴리스 ⓒ 김환기

원형극장은 최대 1만 5천 명을 수용할 수 있는 규모이다. 이렇게 큰 원형극장이 있는 것으로 보아, 당시의 도시 규모를 미루어 짐작할 수 있다. 그곳에 갔을 때 유적 발굴 팀이 복원 작업을 하고 있었다. 넘어진 것은 세우고, 부서진 것은 보수하고 있으나 규모가 워낙 크다 보니 도시를 건설한 세월만큼이나 오랜 시간이 걸릴 것 같은 생각이 든다. 그뿐만 아니라 산언덕은 말 그대로 거대한 '공동묘지'였다. 엄청나게 많은 석관이 언덕 여기저기 흩어져 있다. 넘어지고, 뒤집히고, 흙에 묻힌 석관들 사이로 세월의 무상함이 흐르고 있다.

성 빌립의 순교지(St. Philip Martyrionu)

초대교회 무대를 장식한 두 사람의 '빌립'이 있다. 사도 빌립과 '에티오피아' 내시에게 복음을 전했던 집사 빌립이다. 요한복음에는 사도 빌립이 여러 번 기록되었으나 사도행전에는 단 한 번 나온다(행 1:13).

▲ 성 빌립 순교지를 안내하는 이정표 ⓒ 김환기

'성 빌립의 순교지'(St. Philip Martyrionu). 어느 빌립일까? 사도 빌립인가? 아니면 빌립 집사인가? 호기심에 가득 차 가파른 언덕을 빠른 걸음으로 단숨에 올라갔다. 그는 사도 빌립이다. 빌립은 선교 활동 중 로마의 황제에게 핍박받아 돌에 맞고 감옥에 갇혀 이곳에서 순교했다. 그뿐만 아니라 늙은 처녀로서 그와 함께 지냈던 그의 두 딸도 이곳에 함께 매장되었다 한다.

3. 파묵칼레(Pamukkale)

나는 '파묵칼레'에서 남은 여행 전반에 큰 영향을 미칠 결정적인 실수를 했다. 여행 중 어떤 일이 발생할지 몰라, 만약의 경우를 대비하여 '메모리 스틱'에 여권, 비자카드, 운전면허증 등을 스캔하여서 가지고 다녔다. '파묵칼레'의 일정을 마치고 '에베소'(셀축)에 도착한 후, 문제의 '메모리 스틱'이 사라진 것을 알게 되었다.

4. 에베소(Ephesus)

 '파묵칼레'에서 '에베소'까지는 약 3시간 30분이 걸렸다. 에베소에 도착할 때는 이미 어둠이 깔렸다. 다행히 인근 민박집 주인들이 나와 집을 소개하는 깃이나. 에베소는 관광지역이라서 대부분의 민박집이 기업 형태로 운영되고 있다. 내가 머문 집도 5층 빌딩인데 한 층만 주인이 쓰고 나머지 4개 층은 민박을 치고 있었다.

▲ 에베소 인근의 민박집들은 대부분 기업 형태로 운영되고 있다. ⓒ김환기

배낭을 풀고 옷을 정돈하고, 빨랫거리를 찾는 데 있어야 할 중요한 물건 하나가 보이지 않았다. 여권, 비자카드, 직불카드, 운전면허증 등을 스캔하여 저장한 '메모리 스틱'이 들어 있는 작은 가방이다. 여권은 항상 몸에 지니고 다녔지만, 만일의 경우를 대비하여 모든 정보를 스캔하여 배낭 깊은 곳에 넣어 두었다.

갑자기 머리카락이 곤두서는 것이다. '누가 훔쳐간 것일까? 아니면 어디다 놓고 내린 것일까? 아니야, 배낭 깊숙이 감춰 둔 것이 사라진 것을 보면 분명 누가 뒤진 거야! 그러면 누가 그랬을까?' 아무리 생각해도 감이 잡히지 않았다. 생각은 '파묵칼레'로 향했다. 여행사에서 '밧모섬'과 '소아시아 7개 교회'를 방문하는 가격을 물어본 적이 있었다.

직원이 여기저기 알아본 후 제시한 가격은 생각했던 것보다 너무 비쌌다. 비싸다고 하니, 신경질을 부리며 화를 낸 사람이 있었다. '혹시 그 녀석이 내 배낭을 뒤진 것은 아닐까?'

저녁밥을 어떻게 먹었는지도 모른다. '직불카드'(Debit Card)는 저축된 돈이 없으면 그만이지만, 내 '비자카드'(Visa Card)는 '골드'이다. '집에 연락해서 카드를 정지시킬까? 그러면 돈은 어떻게 빼서 쓰지? 아냐, 카드 뒷면은 스캔하지 않았으니 괜찮을 거야! 요즘은 생년월일과 카드번호만 알면 된다고 하던데!' 생각이 깊어질수록 가슴이 더 답답해졌다. 대책이 떠오르지 않아 일단 에베소 일정에 충실하고, 다음에 다시 생각하기로 했다.

4. 에베소(Ephesus)

에베소 (Ephesus)

▲ 에베소 ⓒ김환기

　에베소는 로마 시대 소아시아 수도로서 로마 6대 도시 중 하나이며 소아시아의 서해안, '코레소스 산맥'과 지중해 사이의 '카이스테르강' 하구에 있다. 에베소는 로마 당시 동양과 서양을 잇는 상업, 종교, 문화의 중심지였다. 특히 정치적으로도 가장 중요한 도시가 되어 '아시아 최대의 도시'라는 명예를 누렸던 곳이다.

당시 에베소에는 약 25만 명이 살았다. 25만 명이란 근거가 있다. 에베소에는 2만 5천 명의 관객을 수용할 수 있는 '원형극장'이 있다. 도시에는 원형극장 관객의 10배 정도의 인구가 상주하였다고 한다. 항구도시로 번성하던 에베소는 흙모래 유입으로 서서히 항구가 매몰되어 도시기능을 할 수 없는 상황에 부딪혔다. 또한, 산과 갯벌이 공존한 지형 탓으로 말라리아 전염병이 자주 발병해 인구 감소를 촉진했다. 더욱이 지진도 자주 일어났다.

로마 시대 최고로 번성한 도시였던 에베소는 그렇게 서서히 사라져 갔다. 에베소는 기독교인에게도 아주 중요한 도시이다. 바울은 그의 2차와 3차 전도여행 때 에베소를 방문하여 교회를 세웠다. 3차 전도여행 때 바울은 에베소에서 3년 가까이 머물면서 목회했다. 여기서 바울은 '두란노 서원'을 통해 제자들을 양육했다. 바울이 개척하고 1년 6개월(행 18:11) 동안 목회한 '고린도 교회'에 여러 문제가 있다는 소식을 듣고, 목회자의 관점에서 직면한 문제들에 답변한 '고린도전서'를 쓴 곳이기도 하다.

4. 에베소(Ephesus)

요한 교회(The Church of St. John)

▲ 사도 요한 무덤　ⓒ김환기

　요한은 거의 100세경에 하나님의 부르심을 받았으며 그의 소원대로 에베소에 묻혔다. 기독교가 3, 4세기에 널리 전파되자 그의 무덤 위에 목조지붕으로 된 '바실리카 양식'(basilica style)의 교회가 세워졌다. 이 교회가 5세기에 심한 지진으로 붕괴되었을 때 그 위에 '유스티니아누스'(Justinianus) 황제는 오늘날에 볼 수 있는 붕괴된 6개 돔의 '요한 교회'를 건설했다. '요한 교회'를 건설할 때 그곳에서 얼마 떨어져 있지 않은 '세계 7대 불가사의'(The Seven Wonders) 중의 하나인 '아데미 신전'의 기둥을 가져다 썼다고 한다.

▲ 아데미 신전 잔해 ⓒ김환기

　언덕 위에 있는 '요한 교회'에서 아래쪽에, 두 개의 기둥만 남은 초라한 '아데미 신전'을 볼 수 있었다. 교회 중간에 '요한의 무덤'(The Tomb of St. John)이라 쓴 비문이 있다. 비문 아래 요한의 시신이 있다고 하는데 확인할 길은 없다. 성지를 방문하며 느끼는 것은 정말 중요한 것은 대부분이 베일에 가려져 있다는 사실이다.

아데미 신전(The Temple of Artemis)

　에베소에는 세계 7대 불가사의 중에 하나인 '아데미 신전'이 있다. 그리스인의 구전에 의하면, "지금까지 태양이 운행하는 중에 '아데미(Artemis) 신전'보다 더 훌륭한 것을 보지 못했노라"라는 격찬의 말이

4. 에베소(Ephesus)

있다. '아데미 신전'은 '아테네'에 있는 '파르테논 신전'보다 4배나 더 컸다고 한다. 에베소 사람들이 열정적으로 숭배했던 '아데미 여신'은 가슴에 유방이 24개가 달린 '풍요의 여신'이다.

사도행전 19장에 바울이 에베소에서 목회하고 있을 때 '아데미 여신'을 섬기는 사람에게 "사람이 손으로 만든 것들은 신이 아니다"(행 19:26)라며 우상 숭배를 하지 못하게 하였다. 직접적인 피해를 받은 우상 제조업자들이 주동하여 온 성에 소유를 일으킨다. 이 사건으로 바울은 3년간 목회를 하던 에베소를 떠나게 된다. 나는 '에베소 박물관'에서 본 '아데미상'보다 더 큰 신상을 '아테네 박물관'에서 보았다. 박물관의 안내 글에는 '아데미(Artemis) 신'은 처녀로서 '아이들과 출생을 도와주는 여신'이라고 쓰여 있었다.

성모 마리아의 집 (The House of St. Mary)

▲ 성모 마리아의 집　ⓒ김환기

요한복음에 따르면, 예수께서는 운명하기 직전에 마리아를 보며 말씀하시길 '여자여 보소서 아들이니이다' 하시고, 요한에게 말씀하시기를 '보라 네 어머니라' 하셨다(요한복음 19:26-27). 그리하여 요한

4. 에베소(Ephesus)

41

은 마리아와 함께 에베소로 모시고 갔다. 에베소에서 열린 3차 종교회의록에 기록되어 있기를 요한이 성모 마리아께 산 위에 집 한 채를 지어드렸다고 하였는데 세월이 흐름에 따라 집의 장소가 잊히고 폐허가 되었다.

1878년 '캐서린'(Catherine)이라고 하는 독일 수녀가 꿈속에서 계시를 받은 내용을 '성모 마리아의 생애'라는 제목으로 펴냈는데 이 책 속에 마리아의 집 위치가 기록되어 있었다. 이 수녀는 자기가 태어난 고장을 떠난 일이 없었으므로 1891년 나사렛의 신부가 탐사반을 조직하여 오늘날의 성모 마리아의 집을 발견하게 되는데, 집터 모양은 캐서린이 계시를 받아 기록한 모습과 정확하게 일치하였다. 윗글은 마리아의 집 앞에 있는 '한글 선간판'의 글을 요약한 것이다.

3일이 지났지만, 아직도 나는 잃어버린 '메모리 스틱'에 대해 아무런 조처를 하지 않았다. 이제 내일은 '폴리캅'이 목회한 '서머나 교회'를 방문하고, 모레는 터키를 떠나 그리스 영토인 '밧모섬'을 가야 하는데…

5. 서머나(Smyrna)

　에베소에서 '돌무쉬'(미니버스)로 서머나(이즈밀)까지는 약 60km 정도로 1시간이 걸린다. 서머나에 도착했을 때는 이미 어둠이 대지를 깊이 덮고 있었다. 터미널이 찬란한 불빛을 보고 에베소 같은 작은 도시일 것이라는 막연한 상상이 산산이 부서졌다.

　사전 정보 없이 좌충우돌로 부딪치는 여행의 한계를 다시 한번 뼈저리게 느낀다. 서머나는 터키의 3번째 큰 도시로 인구가 400만 명이나 산다. 버스에서 내려 잘 곳을 찾았으나 호텔밖에 없었다. 버스를 타고 시내로 갔다. 시내 중심부쯤 되는 곳에서 내렸다. 항구도시라서 그런지 아프리카, 아랍 등지에서 온 노동자들이 머무는 골목이 있었다.

　어스름한 뒷골목으로 들어가니 여인숙이 보인다. 첫 번째 집에 들어가니 금방이라도 바퀴벌레가 나올 것 같아 옆집 여인숙으로 갔다. 같은 가격이지만 그나마 시설이 첫 번째 집보다는 조금 괜찮은 것 같았다. 조그만 변기와 함께 샤워할 수 있는 공간도 있었다. 그리고 일제

강점기 때나 있을 법한 '수신용 전화기'가 달랑 벽에 붙어 있었다. 잠자는 데는 전혀 문제없을 것 같아 돈을 내고 짐을 풀었다.

서머나(이즈밀)

'서머나'(Smyrna)의 현재 이름은 '이즈밀'(Izmir)이다. 이즈밀은 수백 년 동안 역동적인 상업 항구 도시였으며, 다양한 종류의 농산물로 유명하다. 특히 이 지역은 에게해에 산재해 있는 많은 다른 역사적인 지역과 연관이 있다. 해변을 끼고 발달한 이즈밀은 아름다웠다. 공업이 발전된 도시는 아니지만, 많은 물품을 수출하고 있다. 이즈밀을 중심으로 한 '에게해' 지역에서 생산되는 연초와 건포도를 비롯한 농산물, 그리고 세계적으로 명성을 자랑하는 터키 대리석, 양가죽 등으로 주요 수출 품목이다. 빠른 도시화의 영향으로 고대 건축물들은 대부분이 파손되었다. 역사의 중요성을 뒤늦게 깨달았는지 여러 곳에서 유물 발굴 작업이 활발하게 이루어지고 있었다. 나는 '고고학 박물관'에 들어가서야 이즈밀의 역사를 조금이나마 더듬을 수 있었다.

호머의 고향인 이즈밀에 최초로 정착한 부족은 기원전 3000년 '아마존 여인족'이라고 한다. 기원전 2000년 말까지 수백 년 동안 이 지역을 지배했던 '히타이트인'들의 통치는 '이오니아인'들의 도착과 함께 끝이 난다. 그 후 이즈밀은 수차례의 자연 재난을 당했다.

서기 178년 에게해를 휩쓴 대지진에 의해 폐허가 되었으나 로마 황제 '마르쿠스 아우렐리우스'(Marcus Aurelius)의 명령으로 다시 복구된 바 있다. 또한, 1차 세계대전 후, 1919년의 터키-그리스 간의 전쟁에서 한때는 이 도시는 그리스에 의해 점령당했다가 수복된 바 있었다. 이 치열한 전쟁 중인 1922년에 원인 모를 대화재가 발생하여 도시 대부분이 파괴되기도 했다. 이 화재는 역사상 가장 큰 화재 중의 하나로 기록되고 있다. 그러나 이러한 끔찍한 재난에도 불구하고, 이 도시는 그때마다 빠른 속도로 재건되었다.

▲ 고고학 박물관 ⓒ김환기

서머나 교회(폴리갑 기념 교회)

▲ 서머나 교회 ⓒ김환기

서머나에는 요한계시록의 일곱교회 중의 하나인 '서머나 교회'가 있다(계 2:8). 천신만고 끝에 찾아갔으나 교회 문은 굳게 닫혀 있었다. 벨을 누르니, 누군가 안에서 대답한다. "이곳은 더는 개인에게 공개하지 않습니다." 하고 문을 열어주지 않는다. 이슬람 국가이어서 보안상의 문제도 있고, 찾아오는 사람들이 많아 관리하기도 힘이 들었다. 몇 번이고 사정을 해보았지만, "No English"라며 수화기를 내리는 것이다. 벨을 다시 눌렀다. Korea에서 왔다고 했지만 아무런 소용이 없었다. 이대로 물러서야 하는지 답답하기만 했다. 너무 난감하여 아무런 생각 없이 서머나의 푸른 하늘을 바라보고 있었다.

놀랍게도 하나님은 천사 대신 하얀 '대형관광버스'를 보내 주시는 것이 아닌가! 성지순례 온 목회자 일행이 '서머나 교회'를 방문한 것이다. 인솔자가 벨을 누르고 유창한 터키말로 뭐라고 하니, 굳게 닫힌 철문이 열리는 것이다. 바울은 빌립보 감옥에서 기도하고 찬미할 때 옥문이 열렸는데, 나는 하늘을 우러러보기만 해도 문이 열리니 이 얼마나 큰 은혜인가!

서머나 교회는 환난을 많이 당한 교회이다. 예루살렘이 멸망한 후 이곳에 이주하여 살았던 유대인들에게 훼방과 핍박을 받았다(계 2:9). 주께서는 고난을 두려워하지 말고 죽도록 충성하라고 격려했고, 생명의 면류관을 받을 것이라는 약속도 했다(계 2:10-11).

이곳은 사도 요한의 제자였으며 서머나 교회의 초대 감독이었던 '폴리갑'이 순교한 곳이기도 하다. 지금은 새롭게 건물을 짓고 교회 정문에 '성 폴리갑'(Saint Polycarpe)라는 머릿돌이 새겨져 있다.

5. 서머나(Smyrna)

▲ 서머나 교회 머릿돌 ⓒ김환기

폴리갑(Saint Polycarpe)

폴리갑(AD 80-165)은 본래 안디옥 출신이었다. 구전에 의하면, 서머나의 어느 과부가 안디옥에서 폴리갑을 노예로 샀는데, 그가 너무 똑똑해서 그녀가 죽게 될 즈음에 폴리갑을 자유인으로 만들어 주었다고 한다. 폴리갑은 젊었을 때 사도 요한의 가르침을 직접 받았다. 성격은 직설적이고, 정열적이었다.

▲ 폴리갑은 86세에 순교했다. ⓒ김환기

20대의 청년 나이에 서머나 교회의 감독이 되었고, 86세 때에(아우텔리우스 황제) 순교했다. 폴리갑은 사도 요한의 가르침을 후대에 가르치고, 가르친 대로 삶을 살았던 인물이다. 죽음의 위협 속에서 폴리갑은 "86년간 나는 그분을 섬겨 왔고, 그분은 나를 한 번도 모른다고 한 적이 없는데, 어떻게 주님을 모른다고 하란 말인가?"라는 유명한 말을 남겼다. 화형 직전 폴리갑은 마지막 기도를 이렇게 했다.

"사랑하는 복된 아들 예수 그리스도를 통해 우리에게 당신에 관한 지식을 주신 아버지여! 당신 앞에 사는 모든 천사와 천군들과 피조물,

5. 서머나(Smyrna)

그리고 모든 의인의 하나님이시여! 당신께서 오늘 이 시간 나에게 순교자의 반열, 그리스도의 잔에 참여하게 하시어 내 몸과 영혼이 성령의 썩지 않은 축복 속에서 영생의 부활을 얻기에 합당하게 여겨주심을 감사하나이다.

오늘 나는 신실하고 참되신 하나님이신 당신께서 예배하시고, 계시하시고, 이루신 풍성하고 열납될 만한 제물로 당신 앞에 드려지기를 소원하나이다. 나는 이 모든 일을 인하여 당신의 사랑하는 독생자, 영원한 대제사장을 통해서 당신을 찬양하고, 감사드리며 영광을 돌리나이다. 성부와 성자와 성령께 이제부터 영원토록 영광이 있을지어다. 아멘."

내일은 에베소에서 30분 정도 떨어진 '쿠사다시'(Kusadasi) 항구에서 '밧모섬'(Patmos)으로 가는 배를 타야 한다. 비수기라 직접 가는 배가 없어, '사모스'(Samos) 섬에서 하룻밤을 자야 한다. 요한이 계시록을 기록한 '밧모섬'에는 어떤 일들이 나를 기다리고 있는 것일까?

6. 사모스(Samos)

'쿠사다시'에서 '사모스섬'까지는 배로 약 1시간 반 거리이다. 터키의 지척임에도 불구하고 그곳은 그리스 섬이다. 배가 출발하자 갑판 위의 '터키 국기'가 내려오고 '그리스 국기'가 올라간다. 나는 배 안에서 '아들레이드'에서 온 여인을 만났다. 그녀는 사진작가이다. 세계 각국을 다니며 작품 사진을 찍고 있다.

"어느 나라가 가장 아름답습니까?" 그녀는 조금 곤란한 표정을 짓는다. "많은 사람이 비슷한 질문을 해요. 하지만 꼭 집어서 말하기가 어려워요. 나라마다 다 다르기 때문이지요. 그리스는 유적지가 많아서 좋고, 터키는 사람들이 친절하여 좋고, 남미는 자연이 아름다워서 좋고..." 그녀가 말한 '좋다'(Good)의 의미는 비교해서 좋은 것이 아니라 그 자체가 좋은 것이다.

▲ 사모스 항구 ⓒ김환기

    질문에 모순이 있었다는 것을 인정하고 화제를 돌렸다. 내일 밧모섬으로 간다고 하니, "밧모섬으로 가는 항구는 다른 곳이라는 것을 아시죠?" 금시초문이라는 표정을 짓자, 그녀는 책자를 꺼내 친절하게 설명해 주었다. 사모스섬에는 항구가 두 곳이 있다. 내가 입항하는 '바티항'의 반대편에 밧모섬으로 가는 '피타고리온 항'이 있다. '바티항'에서 내려 '사모스 고고학 박물관'을 찾아갔다. 박물관의 유물을 보며 사모스섬에 대한 새로운 사실들을 알게 되었다.

    '사모스'(Samos)는 성서에 '사모'(행 20:15)라고 표기되어 있다. '성지순례'를 다니며 혼동되는 것 중 하나는 지명이다. 같은 지역인데 이름이 바뀐 곳도 있고, 다르게 발음하는 곳도 있다. 터키 지역은 '오스만 제국'이 점령한 후 대부분 지명을 바꾸었다. 대표적인 곳이 '콘스탄티노플은 이스탄불', '에베소는 셀축', '서머나는 이즈밀' 등이다. 그리스의 경우는 이름은 같지만, 발음이 다르다.

'국립국어연구원'에서는 혼란을 막기 위하여 현대 그리스의 지명을 표기하는 데 다음의 원칙을 정했다. "잘 알려진 지명은 현지 발음과 다르더라도 '국립국어연구원'의 『외래어 표기 용례집』의 표기에 따른다. 단 현지 발음도 병기할 수 있다."

나는 아테네에서 Thessaloniki '테살로니키'(세살로니키, 성서: 데살로니가)로 가는 기차를 타는 데 조금 문제가 있었다. '데살로니가' 기차표를 달라고 하니 눈만 껌벅거리고 있었다. 스펠링을 다시 확인하고 '테살로니키'라 하니 그때야 알아듣는 것이다. 하지만 정확한 그리스어 발음은 '세살로니키'이다.

사모스는 바울이 삼차 전도여행을 마치고 예루살렘으로 돌아갈 때 잠시 들른 곳이다. 또한, 유명한 수학자이자 철학자였던 '피타고라스'가 이곳 출신으로 항구 이름도 그의 이름에 따서 '피타고리온'이라 지었다. 그뿐만 아니라 바울이 '아레아바고 언덕'에서 언급했던 철학자 '에피쿠로스'(행 17:18)도 이곳 출신이며, 이야기꾼 '이솝'도 사모스에서 노예생활을 했다.

6. 사모스(Samos)

피타고라스(Pythagoras)

 유명한 '피타고라스의 정리'를 증명한 피타고라스는 기원전 569년 께 사모스섬에서 태어나 기원전 500년께 이탈리아 남단의 '크로톤'이라는 곳에서 죽었다고 알려져 있다. 어릴 때부터 신동으로 소문난 피타고라스는 철학의 아버지라고 불리는 '탈레스' 밑에서 공부했으며, 이집트에서 20여 년간 지내면서 수학과 종교를 공부하다가 이탈리아의 크로톤으로 건너가서 '피타고라스 학교'를 설립했다.

▲ 알렉산드리아 호텔 ⓒ김환기

피타고라스는 만물의 원리를 수(數)에 두고, 세계를 수적 관계 또는 비례에 기초를 둔 음악적인 일대 조화로 보았다. 그리고 수에서의 조화의 관계에 의한 영혼의 정화(淨化)를 인생의 최대 목적으로 삼았고 오르페우스교적 신비주의에 따라 영혼의 불멸과 윤회를 믿고 엄격한 금욕생활을 하였다.

그에 관한 이런 이야기가 있다. 피타고라스가 '영혼윤회'를 이야기하면서 고기를 먹지 말라고 하자 사모스인들은 이렇게 반응했다고 한다. "피타고라스여, 물고기에도 영혼이 있으니까 먹지 말라는 것입니까? 그렇지만 우리가 먹는 물고기는 산 것이 아니라 이미 죽은 것이오. 그 물고기에는 이미 영혼이 떠나 버린 것이오. 그러니 우리는 영혼을 먹는 것이 아니라, 이미 영혼이 떠나 버리고 남은 고기만 먹는 것뿐인데, 뭐 그리 죄가 되겠소."

6. 사모스(Samos)

에피쿠로스(Epicurus)

'에피쿠로스'는 341년에 사모스섬에서 태어나 270년에 아테네에서 죽었다. 그에 의하여 발달한 학파를 '에피쿠로스 학파, 그의 사상을 에피쿠리안주의(Epicureanism) 즉 '쾌락주의'라고 부른다. 그런데 이 사상은 흔히 '육체적 쾌락'으로 보는 것은 사실과는 다르다. 반대로 지속적이고 완전한 만족을 주는 '정신적 쾌락'에 강조를 둔다. 그 학파가 추구하는 궁극적인 것이 'Happiness'라는 것을 보면 '쾌락주의' 대신 '행복지상주의'라는 말이 더 어울릴 것 같다.

'행복지상주의'를 이해하려면 두 단어에 집중해야 할 것이다. 첫째 '아타락시아'(Ataraxia)이고, 다른 하나는 '아포니아'(Aponia)이다. '아타락시아'란 두려움에서 벗어난 '자유와 평화'를 뜻하고, '아포니아'는 '육체의 고통'이 없는 상태이다. 에피쿠로스 학파는 '행복'(Happiness)을 기준으로 선과 악을 구분한다. 행복하면 선(Good)이고, 그렇지 못하면 악(Evil)이다. "우리는 행복을 우리 안에 보유한 제1의 선으로 인식하여, 행복으로부터 선택 및 금지의 행위를 결정하고, 우리는 다시 행복으로 돌아가기 때문이다." 에피쿠로스의 말에 의하면 행복이 진리의 시금석이고, 행복이 선악을 구분하는 척도가 되는 것이다.

이솝(Aesop)

그는 거의 전설적인 인물에 가깝다. 고대에는 그가 실존 인물이었음을 입증하기 위한 큰 노력이 있었다. BC 5세기의 '헤로도투스'는 이솝이 BC 6세기에 살았던 노예였다고 했다. AD 1세기의 '플루타르코스'는 이솝이 BC 6세기 때 리디아의 왕이었던 '크로이소스'의 조언자였다고 했다. 그가 트라키아 출신이라고 하는 설도 있고 프리지아 사람이라는 설도 있다. 1세기에 쓰인 이집트 전기를 보면 그는 사모스 섬에 살던 노예였고 주인에게 자유를 얻어 '리쿠르고스' 왕의 수수께끼 푸는 자로 바빌론에 갔으며 마침내 델포이에서 죽음을 맞는 것으로 나온다. '이솝우화'는 대부분이 동물이 주인공이 된 이야기로 삶의 교훈을 던져 준다. 우리가 잘 알고 있는 '늑대와 양치기 소년', '바람과 태양', '여우와 신포도' 등이다.

이솝은 노예 출신이었는데, 어느 날 주인이 소년 이솝에게 대중목욕탕에 사람이 얼마나 많은지 보고 오라고 심부름을 보냈다. 잠시 후 소년 이솝은 주인에게 목욕탕에 사람이 하나도 없다고 보고하였다. 한가한 목욕을 꿈꾸며 목욕탕을 찾았던 주인은 목욕탕에 사람이 너무 많은 것을 보고 발길을 돌려 그냥 돌아오고 말았다. 화가 머리끝까지 치민 주인은 이솝을 불러 "왜 나에게 거짓말을 했느냐?"고 다그쳤다. 그러자 이솝은 "목욕탕 입구에 큰 돌이 있어 매우 불편한데도 그것을 치우고 들어가는 사람이 한 사람도 없기에 그렇게 말씀드렸습

6. 사모스(Samos)

니다"라고 했다.

'피타고리온 항'으로 가는 버스에서 멜버른에서 온 중년 여인을 만났다. 사모스 출신으로 친척 결혼식이 있어서 왔다고 했다. 그녀는 아테네에서 비행기를 타고 왔다. 마침 그녀의 친척이 호텔을 운영한다고 해서 그곳에 머물기로 했다. 이름은 '알렉산드라 호텔'이고, 비수기라서 그런지 손님도 없고 깨끗했다. 물을 사려고 슈퍼마켓에 가니 물값과 우윳값이 비슷하여 이왕이면 우유를 마시기로 했다. 그날 밤 나는 우유만 4L를 마셨다. 새벽에 화장실을 갈 때마다 후회했지만, 사모스 섬에서 소 그림이 있는 우유 맛은 지금도 잊을 수 없다.

7. 밧모섬(Patmos)

'밧모섬'은 터키 본토에서 불과 60km 떨어져 있고, 아테네에서는 250km나 떨어져 있다. 하지만 그리스 땅이다. 역사를 보면 지정학적으로 가까운 나라끼리는 사이가 좋지 않다. 영유권 분쟁 때문이다. 한국의 '독도(獨島)'를 일본은 '다케시마(竹島)'라며 자기 것이라 주장한다. '백두산'은 중국에서 '장백산'이라 부른다.

▲ 밧모섬에서 바라본 스칼라 항구 ©김환기

그리스와 터키의 관계도 비슷하다. 터키 지척에 있는 대부분 섬이 그리스 것이다. 터키인들이 얼마나 화가 나겠는가. 성서에 '구브로'라는 섬이 있다. 사도 바울이 바나바와 함께 1차 전도여행을 갔던 곳이며, 바나바의 고향이다. 지중해에서 '시실리아' 다음으로 큰 섬이다.

현재 이름은 '키프로스'(Cyprus, 사이프러스)로 터키 본토에서 얼마 떨어져 있지 않다. 영국령으로 있다가 1960년 8월에 독립한 후 다수 그리스계 및 소수 터키계 사이에서 분쟁이 일어났다. 쿠데타로 1974년 7월에 '친그리스계' 정부가 등장하자, 터키정부는 자민족 보호 명분으로 '북부 키프로스'를 점령한 후, '북키프로스 공화국'의 독립을 선언하였다. 현재는 그리스계 '남키프로스'는 EU에 가입하였으나, 터키계 '북키프로스'는 가입하지 못했다. 한국과의 차이점은 남북한은 모두 국가로 인정받고 있지만, '북키프로스'는 인정받지 못하여 '유엔'에서는 하나의 '키프로스'로 생각하고 있다는 점이다.

'밧모섬'을 가기 위해서는 아테네 '피레우스 항구'에서 배로 가면 9시간 정도 걸린다. 아테네에서 비행기로 '사모스'까지 가서 그곳에서 배로 가는 방법이 있고, 터키 에베소의 '쿠사다시'(Kusadasi) 항구에서 배로 가는 방법도 있다. 나는 비수기라 '구사다시'에서 직접 가는 배가 없어, '사모스섬'을 거쳐야만 했다. '사모스'에서 하루를 지낸 후 '피타고리온' 항구에서 '밧모섬'으로 가는 배에 몸을 실었다.

▲ 요한의 계시동굴의 이정표 ⓒ김환기

출항 후 약 2시간 30분 후에 밧모섬의 '스칼라'(Skala) 항구에 도착했다. 배에서 내리자 민박을 하는 사람들이 부두에서 기다리고 있었다. 몇 군데를 돌아본 후 '카트리나 펜션'(Katerina Pension)에 머물기로 했다. 여행 중 이렇게 좋은 곳에서 자는 것은 처음이다. 샤워 시설은 물론이고 냉장고와 에어컨도 있었고 주인아줌마도 친절했다.

무엇보다 맘에 드는 것은 가격이 저렴하다는 것이다. 요한은 이곳에 유배됐는데, 나는 이렇게 편한 곳에서 자도 되는지…

7. 밧모섬(Patmos)

'밧모섬'은 계시록의 저자인 요한이 로마의 '도미시안 황제' 박해시대에 유배되어 계시록을 기록한 장소로 알려진 섬이다(계시록 1:9). 이 시기를 대개 94~96년경으로 보고 있다. 사모스섬으로부터 남서쪽으로 45km 떨어진 곳에 있는 섬으로 면적은 34.05평방km, 가장 높은 곳은 해발 269m, 남북의 길이는 16km, 동서의 폭은 가장 넓은 지점이 10km, 해안선의 길이는 63km이다. 이 섬에는 약 3천 명이 살고 있다.

그리스 신화에 의하면 '레토'(Leto)의 딸이었던 '아데미'(Artemis) 여신의 이름을 따서 '레토이스'(Letois)라고 하였다. 계시록의 저자인 요한은 '도미시안 황제' 때 유배되어 약 18개월 동안 살다가 '네르바 황제' 때 풀려나서 '에베소'로 갔다. 현재 이곳에는 계시록을 쓴 '요한의 계시동굴', 1713년경에 세워진 '밧모 신학교' 그리고 산 정상에 '요한 수도원'이 있다.

요한의 계시동굴(Cave of the Apocalypse)

▲ 요한의 계시동굴 입구 ⓒ김환기

　펜션(Pension)에 배낭을 내려놓고, '요한의 계시동굴'을 향하여 등정을 시작했다. 동굴은 산 중턱에 있다. 걸어서 지름길로 올라가면 40분 정도 걸린다. 작은 섬임에도 불구하고 찾는 사람이 많아서 그런지, 택시도 있고 대형 버스도 다닌다. 나는 걸어서 올라갔다. 더운 날씨가 아님에도 불구하고, 동굴에 도착하니 이마에 땀이 맺혀 있었다. 입구에 설치된 식수대에 가서 목을 축였다. 감탄사가 절로 나온다. 어쩌면 이렇게 시원하고 맛있는 물이 세상에 어디 있을까!

'물이 맛있다'고 하니 잘 이해가 가지 않겠지만, 그래도 물은 맛있다. 이틀간 밧모섬에 머물면서 물을 마시기 위해 세 번씩이나 동굴에 갔다. 지금도 '요한의 동굴'보다 동굴 앞의 물맛이 더 생생하니 어찌된 일인지.

▲ 계시동굴 앞의 식수대 ⓒ김환기

출입문에는 눈이 어두운 요한 대신에 계시의 내용을 대서하는 요한의 제자 '브로고로' 집사와 요한이 '모자이크'로 그려져 있다. 사도행전 6:5에 의하면 '브로고로' 집사는 예루살렘 교회의 초대 7집사 중 한 사람으로 믿음과 성령이 충만한 사람이었다. 출입문 옆에는 1999년, 요한의 동굴이 '유네스코'(UNESCO)에서 '세계유산'(World Heritage)으로 등재됨을 인정하는 '동판'이 있다.

안으로 가면 동굴 입구 위편에 요한이 책과 펜을 들고 있는 벽화가 있다. 작은 동굴임에도 불구하고, 칸막이가 있어 안쪽에는 사제만 들어갈 수 있었다. 매일 오전에 미사를 드린다는 것을 알고, 다음 날 일찍 올라와 미사에 참여했다. 도착했을 때 벌써 많은 사람이 와서 일부는 서 있는 것이다. 안쪽에 빈 의자가 있어 앉았다. 나중에 알고 보니 '찬양대석'이었다. 얼마나 민망했는지….

▲ 계시동굴 내부 ⓒ김환기

밧모 신학교(Patmias Ecclesiastical School)

▲ 밧모 섬 신학교　ⓒ김환기

요한의 동굴에서 나와 조금 올라가면 '밧모 신학교'(Patmias Ecclesiastical School)가 있다. 1713년에 창건되었고, 한때 희랍 정교회 신학교 중 뛰어난 사제들을 양성했던 우수한 학교였다. 문은 열렸으나 아무도 없었다. 이층으로 올라갔다. 강의실도 조용하였다. 학교에서 일하는 사람을 만났다. 왜 학생들이 없냐고 물으니 방학이라고 한다.

교실에는 20개 정도의 의자가 놓여 있었고, 부엌에 음식 냄새가 나지 않는 것으로 보아 최근에는 사용하지 않는 것 같았다. 하얀색의 긴 복도에는 학교의 명성을 자랑하는 사진들과 성화들이 사이좋게 걸려 있었다. 학교의 전체적인 분위기는 더 이상 과거의 명성을 찾아보기가 힘들었다. 학교 외벽에 그리스어로 학교의 정확한 명칭을 적어놓았다. 번역을 '신학교'라고 했지만 'Ecclesiastical'은 신학(Theological)이란 의미보다 '교회'란 의미가 더 정확하다.

요한 수도원(Monastery of Saint John the Theologian)

▲ 요한 수도원 ⓒ김환기

7. 밧모섬(Patmos)

'신학교'에서 나와 산 정상으로 올라가면 '요한 수도원'이 성채의 모습으로 버티고 서 있다. 이곳도 요한의 동굴과 함께 1999년 '유네스코'에서 '세계유적지'로 등재되었다. 수도원은 1088년 수도자 '크리스토둘러스'(St. Christodoulos)가 사도 요한을 기념하여 세웠고, 이 지역에 자주 출몰하는 해적들의 공격을 막기 위하여 요새화하였다.

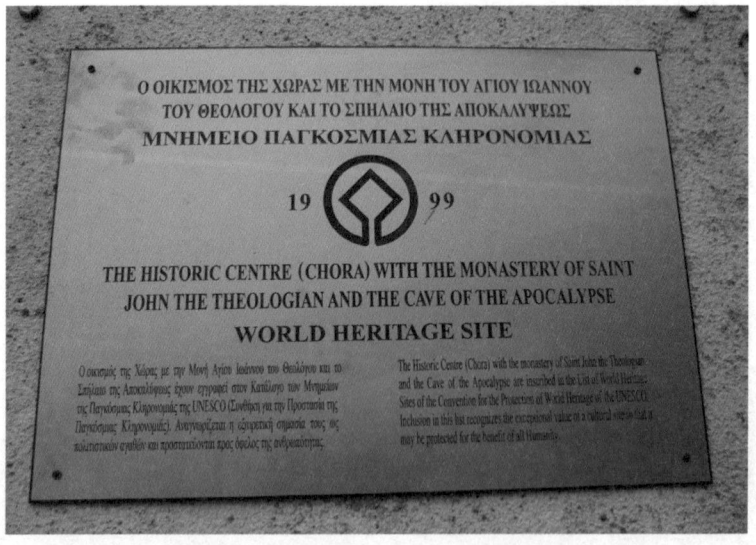

▲ 요한 수도원은 요한의 동굴과 함께 유네스코에서 1999년에 '세계유적지'로 등재되었다. ⓒ김환기

원래 '아데미'(Artemis) 여신의 신전이 있었던 곳이라고 전한다. 안으로 들어가면 박물관이 있다. 표지판에 이곳 박물관이 '에게해 최고의 박물관'이라 쓰여 있다. 이곳에는 성서의 오래된 사본뿐 아니라 값진

보물들이 즐비했다. 수도원 꼭대기에서 바라보는 밧모섬은 아름다웠다. 파란 바다를 배경으로 흰색의 집들이 여기저기 수를 놓고 있었다.

어제 아내에게 전화해서 잃어버린 '메모리스틱'에 대해 말한 후, '비자카드'는 정지시키고 '직불카드(Debit Card)'만 사용하기로 했다. 나는 '밧모섬'의 일정을 마치고 '에게해'의 찬 바닷바람을 맞으며 '아테네행' 배를 기다리고 있다. 배는 새벽 1시가 넘어서야 도착했다. 이제 몇 시간 후면 '에메랄드빛의 지중해' 한복판에서 떠오르는 태양을 맞이할 것이다.

7. 밧모섬(Patmos)

8. 아덴(Athens)

▲ 배 안에 자리 잡은 승객과 애견 ⓒ김환기

 '밧모섬'에서 '아테네'의 '피레우스 항구'까지는 뱃길로 9시간 정도 걸린다. 승선 시간이 늦어 새벽 2시에야 배가 출발했다. 배 안은 가관이었다. 긴 야간 항해를 편안하게 하려고 조그만 공간만 있으면 비집고 눕는 것이다. 의자를 연결하여 눕기도 하고, 통로 옆에 배낭을 베개 삼아 눕기도 하고, 심지어 화장실 입구에서 개와 함께 자는 사람도 있었다. 다행히도 나는 조금 일찍 승선하여 의자 두 개를 연결하고 대형 TV 앞에 자리를 잡을 수 있었다.

  얼마나 지났을까? 지중해의 해가 떠올랐다. 졸린 눈을 비비며 갑판으로 갔다. 하얀 포말을 토해내며 배는 지칠 줄 모르고 질주하고 있었다. 파란 바다와 하얀 물거품이 아름답게 조화를 이루고 있었다. 햇살은 거품에 반사되어 내 눈을 가지럽혔다. 태양이 중천에 이를 쯤에 '피레우스 항구'에 도착했다. 피레우스 항구에서 아테네 시내까지는 기차로 30분 정도 걸린다.

▲ 피레우스 항구 ⓒ김환기

8. 아덴(Athens)

피레우스 기차역에 갔는데 공사 중이다. 내가 아는 아테네로 가는 방법은 기차뿐이었다. 어떻게 갈 것인가? 역무원에게 물어보니 버스 타는 곳을 알려 준다. 버스를 타고 가다가 어떤(?) 정류장에서 내려, 기차로 갈아타면 아테네까지 갈 수 있다고 한다. 그는 아주 쉽게 설명했지만, 나는 너무 어려워 이해할 수 없었다. 마침, 내 뒤에 있는 사람이 아테네에 간다고 한다. "아, 하나님 감사합니다. 또 천사를 보내 주셨군요."

아덴(Athens)

아덴(Athens)은 오늘날 그리스 수도인 '아테네'로, 헬라의 중심도시이며 서양문명의 모태이다. 아테네를 성경에서는 '아덴'으로 표현하는 것은 음을 따서 한자화한 것이다. 이곳은 예술과 문학의 중심지이며 소크라테스와 플라톤 등 고대의 유명한 철학자들의 고향이요, 근대 올림픽의 발상지이다.

그리스 신화에 따르면 이곳에 도시가 처음 세워졌을 때 '아테나'(Athena) 여신과 '포세이돈'(Poseidon) 사이에 이 도시에 대한 주도권 쟁탈전이 벌어졌다. 결국, 누가 이 도시에 더 유용한 선물을 가져오느냐로 승부를 결판 짓게 되었다. 지혜의 여신 아테나는 올리브 기름을 내는 감람나무를 가져왔고 바다의 신 포세이돈은 바닷물처럼 짠 물을 가져왔다. 승부는 쉽게 아테나 여신의 승리로 끝났고 그래서 도시의 이름은 '아테네'가 되었다.

아덴에는 정치·경제·문화·종교의 중심지인 고대 아고라 광장과 아크로폴리스, 고고학 박물관, 파르테논 신전, 제우스 신전, 아테나니케 신전 등의 수많은 유적이 즐비하다. 특히 사도 바울이 2차 전도여행 때 '아레오바고'에서 '에비구레오와 스도이고' 철학자들과 쟁론한 곳이기도 하다(행 17:18).

▲ 아테네는 예술과 문학의 중심지이며 고대의 유명한 철학자들의 고향이요, 근대 올림픽의 발상지이다. ⓒ김환기

8. 아덴(Athens)

파르테논(Parthenon) 신전

'파르테논 신전'은 '아크로폴리스' 언덕의 자연적인 암반 위에 자리 잡은 고대 그리스의 상징적인 건물이다. '아크로폴리스'는 '높다'란 뜻의 아크로(Acro)와 '도시'라는 의미의 폴리스(Police)가 합쳐져 '높은 곳에 있는 도시'라는 뜻이다.

BC 447년 기공하여 BC 438년 준공한 이 신전은 아테네의 수호여신 '아테나'를 섬기기 위해 만든 것이다. 현재 '유네스코' 세계문화유산 제1호로 등록되어 있다. 크기는 동서로 8개 기둥(30.8m), 남북으로 17기둥(69.5m), 총 136개의 기둥으로 이루어졌으며 외부 기둥은 '도리아 양식'이나 내부 기둥이나 들보는 우아한 '이오니아 양식'을 채용하고 있다.

신전 내부에는 '피디아스'에 의해 완성된 11m 높이의 아테네 여신상이 있었다고 한다. 청동으로 된 몸체에 팔과 얼굴은 상아로, 중앙에 스핑크스상이 새겨진 안전모와 의상, 그리고 손에 든 방패는 황금으로 만들어진 이 조각은 당시 가장 아름다운 조각 중 하나였다고 하나 지금은 그 자취를 찾아볼 수 없다.

1687년 '베네치아군' 포격으로 '투르크군'이 두었던 화약이 폭발하여 28기(基)의 기둥 등이 붕괴되었다. 그리스는 원형 복원을 위해 엄청난 노력을 하고 있다. 내가 그곳을 방문했을 때도 복원 공사가 한창이었다. 워낙 방대한 공사이다 보니 언제 끝날지 기약이 없어 보였다.

아레오바고(Areopagys)

▲ 그리스 신화에 나오는 아레스(Ares)를 재판했던 아레오바고 언덕 ©김환기

'아레오바고 언덕'은 '아크로폴리스' 서편 아래에 있으며 해발 113m의 나지막한 바위 언덕이다. '아레오바고'란 그리스 신화에 나오는 '아레스'(Ares)를 재판했던 바위 언덕이다. '아레스'는 그리스 신화를 보면 '제우스와 헬라'의 아들로서 전쟁의 신이다. 아레스는 자기 딸을 겁탈한 사촌 형제를 죽였고, 이로 인해 다른 신들 앞에서 재판을 받았

다. 재판 장소는 아크로폴리스 서편에 인접한 바위 언덕이었다. 재판에서 아레스는 무죄로 판명되었다. 그 후 이 자리는 '아레스의 언덕' 즉, 희랍어로 '아레오바고'라 불리게 되었다. 후에 '아레오바고'는 아테네의 시의회가 모이는 장소로 바뀌었다.

나는 바울의 심정으로 아레오바고 언덕에 올랐다. 앞에는 아테네 시내가 보이고, 뒤로는 파르테논 신전이 버티고 서 있다. 당시 바울은 '파르테논 신전'을 바라보며 아덴 사람들에게 설교했을 것이다.

"아덴 사람들아 너희를 보니 범사에 종교성이 많도다. 내가 두루 다니며 너희의 위하는 것들을 보다가 알지 못하는 신에게라고 새긴 단도 보았으니 그런즉 너희가 알지 못하고 위하는 그 신을 내가 너희에게 알게 하리라."(행 17: 22-23)

그리고 바울은 저들에게 창조자 하나님에 대하여 증거했다. 많은 사람이 믿지는 않았지만, '아레오바고' 관원인 '디오누시오'가 믿어 아덴 교회의 1대 감독이 되었다. 지금은 그 언덕에 오르는 계단 오른쪽 바위에 바울의 설교문이 동판에 새겨져 있다. 언덕 아래에는 '디오누시오 기념교회'가 아고라 터 옆에 세워져 있다. 그리스 정교회 국가인 이곳은 매년 6월 29일에 아레오바고 언덕에서 사도 바울의 날 행사를 한다. 아덴을 방문한 사도 바울이 행한 첫 전도설교를 기념하는 행사다.

아테네 고고학 박물관(Athens Archaeology Museum)

▲ 아테네 고고학 박물관 전시실   ⓒ김환기

    나는 '고고학 박물관'에서 지금까지 사진으로만 보았던 작품들을 직접 감상할 기회를 얻었다. 특별히 '헬레니즘 유물' 전시실에서 서양

문명의 뿌리를 확인할 수 있었다. 서양문명은 '헬레니즘'과 '헤브라이즘'의 두 기둥으로 이루어졌다.

헬레니즘(Hellenism)'이란 '헬라스(Hellas)' 사람들의 문화와 사상을 가리킨다. '헬라스'란 영어로 '그리스(Greece)'며, 한자로는 '희랍(希臘)'이다. 전시실 입구의 설명서에는 헬레니즘의 기간을 알렉산더 대왕이 '그리스와 마케도니아'를 집권하던 BC 336년부터 시작하여 '악티움 해전'이 있었던 BC 31년까지 잡고 있다. 당시 '알렉산더'는 페르시아, 이집트, 페니키아 그리고 인디아까지 정복한다. 그는 정복지마다 헬레니즘 문화와 사상을 심었다. 따라서 헬레니즘은 '그리스'에 국한된 사상이 아니다.

'헤브라이즘(Hebraism)'이란 '헤브라이(유대)' 민족의 사상과 문화, 종교를 가리킨다. 이는 유대교의 엄격한 율법을 중심으로 체계화되었고, 예수께서 '유대교 율법'을 '사랑의 원리'로 완성한 기독교의 바탕이 되었다. 두 사상을 한마디로 요약하건 무리지만 '헬레니즘'이 '인본주의'라면, '헤브라이즘'은 '신본주의'라 할 수 있다. 인본주의가 이성 중심이라면, 신본주의는 신앙 중심이다. 가끔 우리는 이성과 신앙을 서로 대립하는 것으로 생각한다. 하지만 그렇지 않다. 이성을 주신이도 하나님이시다. '알아야 믿을 수 있는 부분이 있는가 하면, 믿어야 알 수 있는 차원이 있기 때문이다.'

다음 갈 곳은 '고린도'이다. 당시 아테네가 예술과 문학의 중심지라면, 고린도는 정치와 경제의 중심지였다. 바울은 아가야(Achaia) 지역의 선교 거점으로 '고린도'를 선택했다.

9. 고린도(Corinth)

그리스의 수도 아덴에서 고린도까지는 남서쪽에서 80킬로미터 떨어져 있으며 고린도는 '펠로폰네소스'(Peloponnesos) 반도와 그리스 본토를 연결하는 좁고 잘록한 땅의 서쪽 끝부분에 있는 도시로 남북 육상교통의 요지인 동시에 해상교통의 요지였다. 아덴에서 시외버스를 타고 한 시간 정도 달려서 '고린도'에 도착했다. 내가 내린 곳은 '신고린도'였다. 현재 고린도는 '신고린도'와 '구고린도'로 구분되어 있다.

'구고린도'는 계속되는 외세의 침입으로 어려움을 겪다가, 1858년과 1928년에 있었던 대지진으로 완전히 파괴되었다. 이후 새롭게 개발된 곳이 '신고린도'이고, 이곳에 '바울기념교회'가 있다.

바울기념교회(St. Paul's Cathedral)

▲ 바울기념교회 ⓒ김환기

교회의 정문 위쪽 좌편에 베드로, 우편에는 바울이 서 있다. '어떻게 베드로이고, 바울인가를 알 수 있는가?' 궁금하게 생각하는 사람이 있을 것 같다. 오래전 로마의 '베드로 성당'과 '바티칸 박물관'에서 많은 그림과 동상을 볼 기회가 있었다. 그곳에서 베드로와 바울의 차이를 알게 되었다. 예수께서 베드로에게 "내가 천국 열쇠를 네게 주리니 네가 땅에서 무엇이든지 매면 하늘에서도 매일 것이요 네가 땅에서 무엇이든지 풀면 하늘에서도 풀리리라 하시고"(마16:19) 하신 말씀을 근거로 하여 베드로는 '천국열쇠'를 쥐고 있다.

바울은 학자였던 '가말리엘'의 문하생으로 학문에 능통한 사람이었다(행22:3). 그래서 바울의 손에는 언제나 책이 있다. 문 왼편에는 교회를 담임했던 역대 주교들의 이름이 새겨져 있고, 오른쪽에는 '사랑장'인 고린도전서 13장이 쓰여 있다. 안으로 들어가면 바울이 전도하는 모습, 예수의 사역 그리고 12 사도의 벽화들로 내부가 장식되어 있다. 그곳에서 나와 버스를 타고 약 20여 분을 가니 '구 고린도'에 도착할 수 있었다.

구 고린도(Old Corinth)

▲ 구 고린도(Old Corinth) ⓒ김환기

'고린도'는 옛 그리스의 폴리스 중에 하나로 '아테네', '스파르타'와 경쟁할 정도로 번성한 도시 국가였다. 기원전 146년 로마에 정복되어 파괴되었으나 기원전 44년에 '율리우스 시저'가 다시 건설한 도시로 로마 행정구역인 아가야 지방의 수도였고, 정치, 경제적으로 매우 중요한 도시였다. 고린도는 청동제품, 도자기류, 섬유업, 조선업, 건축업 등이 발달했다. 전체 도시 가운데 일부만 발굴된 고린도 유적지에는 BC 6세기에 건설된 것으로 보이는 아폴로 신전을 비롯해 여러 신전과 바실리카, 대규모 시장터인 아고라, 극장, 목욕장 등이 있다.

사도 바울은 그리스의 남부 아가야(Achaia) 지역의 선교 거점으로 고린도를 선택했다. 바울은 1년 6개월 동안 고린도에서 말씀을 전하며 선교의 동역자인 '아굴라와 브리스길라' 부부를 만났으며, 회당장 '그리스보'(Crispus)와 그의 가족이 주님을 믿고 바울에게서 세례를 받게 되었다. 후에 바울은 에베소로 떠났는데 '브리스길라와 아굴라'와도 함께했다.

AD 51년 바울이 그곳을 떠나자, 교회는 고린도의 타락한 분위기의 영향과 그들의 미약한 신앙으로 말미암아 여러 가지 문제가 발생하였다. 바울은 목회자의 관점에서 당면한 고린도 교회의 문제에 대하여 답변하였다. 그것이 바로 '고린도 전·후서'이다.

고린도 운하(Canal of Corinth)

▲ 고린도 운하(Canal of Corinth) ⓒ김환기

'고린도 운하'는 '파나마 운하', '수에즈 운하'와 함께 세계 3대 운하에 하나로 꼽히고 있다. 운하가 건설되기 전에는 에게해 쪽에는 '겐그레아 항'이 있었고, 이오니아해에는 '레헤온 항'이 있었다. '겐그레아 항'에서 '레헤온 항'까지 해로(海路)로는 무려 320km가 되나, 육로

는 6km 남짓한 거리이다. 해상을 통해 가면 320km를 항해하여야만 되기에, 소형 선박들은 고린도의 바다와 바다 사이의 제일 좁은 부분, 지협(地峽)에 통나무를 깔고 그 위에 배를 올려놓은 채 통나무를 굴려 육지를 건넜었다고 한다. 이 같은 불편을 해결하기 위해 '로마황제 네로'는 운하 건설을 시도하였으나 실패했다.

그 후 1800년이 지나서야 프랑스에 의해 1881년에 착공하여 12년 후인 1893년에야 운하가 개통된다. 운하의 길이는 6.3km, 폭 25m, 바닥은 21m, 수심 8~10m, 다리에서 수면까지의 높이가 약 80m나 된다. 프랑스는 고린도 운하의 비법을 바탕으로 '대서양과 태평양'을 연결하기 위해 '파나마 운하'에 도전했지만, 중도에 손을 들고, 결국은 풍부한 자본과 기술력을 가진 미국에 의해 완공되었다.

아프로디테(Aphrodite)

▲ 아폴로 신전 ⓒ김환기

고린도는 '아프로디테'(Aphrodite) 숭배의 중심지였다. 아테네의 고고학 박물관에서 '여신 숭배 사상'이 고대에 있었다는 글을 읽었다. 그러고 보니 에베소 사람들이 섬겼던 '아데미'가 여신이고, 아덴 사람들이 섬긴 '아테나'도 여신이며 고린도의 '아프로디테'도 여신이 아닌가! '그리스 신화'에서 '아프로디테'를 '로마신화'에서는 '비너스(Venus)'로 부른다. 프랑스 '루브르 박물관'에 가면 '그리스의 밀로'에서 발견된 '비너스 상'이 있다.

시대를 막론하고 미의 기준이 되는 여신상이다. 글을 쓰며 그곳에서 찍은 사진을 다시 한번 보았다. 두 팔이 없음에도 불구하고 완벽한 조화를 이루고 있다. 아마 당시 신전 안에도 이런 여신상이 있었을 것으로 추정이 된다. 하지만 지금은 신전은 말할 것도 없고, 그곳을 기억할 만한 물품 하나 남아 있지 않다.

고대에는 어느 지역에서나 가장 높은 곳에 도시를 만들고 중심부에 신전을 세웠다. 고린도에는 해발 575m에 '아크로폴리스'(높은 곳에 있는 도시)가 있다. 도시는 요새처럼 성으로 둘러싸여 있었다. '고린도 박물관'과 7개의 기둥만 남은 '아폴로 신전'에서 성까지 대중교통이 없어 걸을 수밖에 없었다. 올라가는 도중, 성에서 근무하는 직원을 만나 차를 타고 편하게 올라갔다. 성의 길이는 2,000m에 이르며 안에는 '아프로디테 신전'이 있었다. 이곳에서 종사했던 제관과 천여 명의 제녀들은 '종교의식'이란 이름으로 음행을 공공연하게 자행했다고 한다.

고린도의 도덕적 타락은 너무도 널리 알려져서, '고린도인이 되다'

란 헬라어 동사 '코린티아조마'는 '성적으로 부도덕하게 되다'라는 의미로 쓰이게 되었다. 바울은 이곳에서 로마서를 썼다. '타락한 곳'에서 '성화의 서신'을 기록하였다.

좌충우돌의 글을 시작하며 '여행은 만남'이라 정의했다. 나그네 같은 인생길은 '만남의 연속'이다. 악연(惡緣)으로 길이 막히는가 하면, 선연(善緣)으로 탈출구를 찾는 사람들도 있다. '빌립보'로 떠나기 전 나는 아덴에서 '새로운 만남'을 가졌다.

9. 고린도(Corinth)

10. 빌립보(Philippi)

'빌립보'로 출발하기 직전 '아덴'에서 '날개 없는 천사'를 만났다. 10개월 전 교직을 그만두고 세 자녀와 함께 세계여행을 하는 분이다. 부부가 모두 현직 교사였다. 하나님께 받은 은혜가 너무 커서 보답할 길을 찾던 중, 오래전에 품고 있었던 작은 빛을 발견하게 된다. 현행 교육제도의 모순을 개선한 '대안학교'를 세우는 일이다. 이 일을 시작하기 전에 먼저 다른 세상을 알기 원했다. 고등학교 다니는 큰딸은 많은 갈등 끝에 자퇴를 결정하고, 함께 여행길에 오르게 되었다. 그리고 일 년 계획으로 장도(長道)의 길을 떠났다.

내가 그분들을 만났을 때는 이미 10개월이 지났다. 남쪽 지역을 제외하고는 대부분의 나라를 방문했다고 한다. 출발할 때는 아빠가 여행 일정을 주관하였으나, 이제는 큰딸이 목적지, 머물 장소 그리고 비행기 예약까지 책임지고 있다고 한다. 아이는 이제는 출발할 때의 '숙맥'이 아니라, 좌충우돌의 여행을 통해 지도자로 성장하고 있었다.

"목사님 여기까지 오셨는데, 이집트도 가보셔야 하지 않겠어요?"

"저희도 산토리니섬에 갔다가, 이집트를 가려고 해요."
그리고 아이는 나에게 비행기 표를 싸게 사는 방법을 알려 주었다.

알려준 주소인 www.kayak.com을 검색하니 300여 개의 비행기 표 가격을 동시에 비교할 수 있었다. 그날 나는 '데살로니가'에서 출발하는 '카이로행' 비행기 표를 예매했다. 그리스 여행 일정도 '빌립보 - 네압볼리 - 데살로니가' 순서로 바꾸었다. 바울 당시 강성했던 '빌립보'는 지금은 기차조차 다니지 않는 한적한 시골 마을로 변했다. 나는 어쩔 수 없이 '드라마'(Drama)까지 기차로 간 후, 빌립보는 버스를 타고 가야 했다. '아덴'에서 '데살로니가'까지 500km이고, 150km를 더 가면 '드라마'(Drama)이다. 자정이 지난 야간열차 안은 그리스 군인들로 시끌벅적했다.

10. 빌립보(Philippi)

빌립보(Philippi)

▲ 빌립보　ⓒ김환기

　성경에서 '마게도냐 지방의 첫 성이며 로마의 식민지'(행 16:12)라 소개된 이곳은 기원전 4세기경 알렉산더 대왕의 아버지인 필립 2세가 자기 이름을 따서 '빌립보'라고 명명했다. 필립 2세가 암살되고 그 뒤를 이은 '알렉산더 대왕'은 도시를 증축하고 많은 사람을 이주시켰다. 그리스가 로마에게 넘어간 후 주전 27년 빌립보는 로마의 한 도시로 편성되었다. 빌립보(Philippi)는 기독교가 유럽에 전파된 최초의 땅으로 바울 시대에는 로마와 아시아를 잇는 마게도냐 지방에서 큰 도시였다.

빌립보 유적지는 아스팔트 포장길을 경계로 바실리카 A지역과 바실리카 B지역으로 구분된다. 바실리카 A지역에는 야외극장과 바울의 감옥 등이 있다. 바실리카 B지역은 과거의 웅장한 유적들이 하나둘씩 제자리를 찾아가고 있었다. 대규모 유적 발굴 및 복원 작업이 한창이었다. 공사 현장 간판에는 그리스 국기와 함께 EU기가 그려져 있다. 발굴 작업의 결과 극장과 목욕탕, 그리고 기원전 4세기에 건설된 시장 등 많은 유적을 비롯하여 그리스의 신들과 애굽의 신 '아이시스'(Isis)를 섬기던 신전과 많은 성곽을 발굴해 냈다고 한다. 공사 현장에는 서들이 하는 일을 비웃기라도 하듯 유물들이 사정없이 흩어져 있었다.

빌립보 교회(Philippi Church)

▲ 빌립보 교회 ⓒ김환기

사도 바울은 '아시아'로 가려고 하였으나, 성령이 막아 가지 못했고, '비두니아'로 가려고 했으나 역시 성령이 허락하지 않았다. 바울은 에게해 항구인 '드로아'에서 마게도냐 사람의 손짓을 환상으로 보았다. 바울은 드로아에서 에게해를 건너 '네압볼리'(neapolis)에 상륙한 후 (행16:11), 그곳에서 16km 정도 떨어진 마게도냐 지경의 첫 성인 '빌립보'로 갔다. 기도처를 찾던 중 강가에서 자주 장사를 하는 루디아에게 복음을 전한다. 그녀는 그곳에서 세례를 받고 예수를 영접한다. 세례터에는 흰 푯말을 세워 기념해 놓았고, 바로 옆쪽에 루디아 기념교회를 지어 놓았다. 그녀의 집에서 유럽 '최초의 교회'가 시작되었다.

▲ 공사 중인 빌립보 ⓒ김환기

바울은 빌립보 교회에 각별한 애정을 지니고 3차 전도여행 때도 두 번씩이나 방문했고, 그곳 성도들은 사도 바울에게 물질적 도움을 주었다(빌 4:15~18). 옥중에 갇힌 사도 바울을 돕기 위해 빌립보 성도들은 '에바브로디도' 편에 물질을 전했다. 그가 병들어 죽게 되었다가 살아나 다시 빌립보로 돌아갈 때 그편에 전한 편지가 '빌립보서'이다. 옥중에서 쓴 글임에도 불구하고 4장뿐인 서신 안에 '기뻐하라'라는 단어가 수없이 나오고 있다.

"주안(In the Lord)에서 항상 기뻐하라 내가 다시 말하노니 기뻐하라"(빌4:4)

세상에는 두 종류의 사람밖에 없다. 그리스도 안(in Christ)에 있는 사람과 그리스도 밖(out of Christ)에 있는 사람이다. '그리스도 안'에 있는 사람은 그리스도로 인하여 상황과 관계없이 항상 기뻐할 수 있다. 그래서 '옥 안'에 있는 바울이 오히려 '옥 밖'에 있는 성도들을 향하여 '주 안에서 기뻐하라'고 했다. 만약 우리가 옥 안에 있다면 우리는 어떤 편지를 쓸 수 있을까?

10. 빌립보(Philippi)

빌립보 감옥(Philippi Prison)

▲ 빌립보 감옥 ⓒ김환기

바울 일행은 빌립보에서 귀신 들린 여종 하나를 만났는데 그 여종은 점을 쳐 주인들을 크게 이롭게 하던 자였다. 그가 바울 일행을 좇아와 "이 사람들은 지극히 높은 하나님의 종으로 구원의 길을 너희에게 전하는 자라"(행16:17)하며 여러 날을 소리 질러 괴롭게 하니 바울이 귀신에게 명하여 그 여자에게서 즉시 나오게 했다.

이에 자신들의 이익이 끊어진 것을 본 주인들이 바울과 실라를 잡아 관원에게 끌고 가 "이 사람들이 유대인인데 우리 성을 심히 요란케 하여 로마 사람인 우리가 받지도 못하고 행치도 못할 풍속을 전한다"(행16:20-21)고 송사하여 감옥에 갇히게 되었다.

바울과 실라가 갇힌 몸으로 기도하고 찬양할 때 큰 지진이 일어나 옥터가 흔들리고 문이 열렸다. 간수가 죄수들이 도망한 줄로 생각하고 자결하려 할 때, 바울이 그를 말리고 "주 예수를 믿으라 그리하면 너와 네 집이 구원을 받으리라"(행16:31)는 말씀을 전해 간수와 권속들이 다 세례를 받고 온 집이 하나님을 믿었다. 감옥에서 울려 퍼진 찬송은 옥문을 열었을 뿐만 아니라 간수의 영혼까지 열게 하였다.

다음 날 상관들이 부하들을 보내어 나가라고 하였으나, 바울은 "로마 사람인 우리를 죄도 정하지 아니하고 공중 앞에서 때리고 옥에 가두었다가 이제는 가만히 내보내고자 하느냐"(행16:37) 호통을 치며 못 나간다고 했다. 이 소식을 들은 상관이 직접 와서 제발 나가 달라고 부탁하자 그제야 바울이 감옥에서 나갔다.

바울이 있었던 감옥 내부를 살펴보니 서너 사람이 누울 정도의 공

10. 빌립보(Philippi)

97

간에 천장이 무너지지 않게 나무기둥이 받치고 있었다. 다음 목적지는 유럽에 복음이 처음 상륙한 지역인 '네압볼리'이다. '네압볼리'는 '빌립보'에서 16km 떨어졌으며, 현재 지명은 '카발라'(Kavala)이다.

11. 네압볼리(NeaPolis)

▲ 네압볼리(Neapolis) - 카발라의 정경 ⓒ김환기

'네압볼리'(NeaPolis)는 '신도시'(New City)란 뜻이 있다. 발음은 조금 다르지만 '네압볼리'란 뜻을 가진 도시가 세계 곳곳에 많이 있다. 대표적인 곳이 세계 3대 미항의 하나인 이탈리아의 '나폴리'(Napoli)이다.

'나폴리'가 역사와 전통을 자랑하는 도시지만, 아마 근처에 '나폴리'보다 더 오래된 도시가 있었던 것 같다. 오래전 많은 기대를 하고 '나폴리 항구'에 갔으나 '미항'이란 말이 무색할 정도로 바닷물이 오염되어 있었다.

바울 당시 '빌립보'는 '마게도냐 지방'에서 가장 큰 도시였고, '네압볼리'는 '빌립보'에 속한 항구였다. 바울이 2차 전도여행 때 드로아에서 출발하여 유럽 최초로 발을 디딘 곳이며, "우리가 드로아에서 배로 떠나 '사모드라게'로 직행하여 이튿날 네압볼리로 가고 거기서 빌립보에 이르니"(행 16:11~12), 3차 전도여행 때도 이곳에서 배를 타고 드로아로 갔다.

"우리는 무교절 후에 빌립보에서 배로 떠나 닷새 만에 드로아에 있는 그들에게 가서 이레를 머무니라."(행 20:6). 복음이 대륙을 넘어 '아시아에서 유럽'으로 전파된 역사적인 도시이다. 우리나라로 비유하면 1885년 4월 5일 부활절 아침에 '아펜젤러와 언더우드'가 상륙한 '제물포'와 같은 곳이다.

성지를 가보면 터키에 속한 지역은 성서시대의 이름을 더는 쓰지 않고 있으나, 그리스에 속한 도시는 대부분 이름을 바꾸지 않았다. 하지만 '네압볼리'는 그리스에 속해 있음에도 불구하고 이름이 바뀌었다. 바뀐 배경을 보면 AD 350년에 빌립보 주교에 의하여 '크리스토폴리스'(Christopolis, 그리스도의 도시)로 개명되었다가, 1387년에 오스만 제국'이 점령한 후 '카발라(kavala, 말)로 다시 바뀐 후, 1944년 말에 '그리스'로 편입되어 오늘에 이르고 있다.

네압볼리(Neapolis)

▲ 수로교 ⓒ김환기

'네압볼리'는 '빌립보'에서 16km 떨어져 있다. 유럽 최초로 기독교가 전파된 도시의 명성에 걸맞게 산 정상에는 어느 곳에서나 볼 수 있는 대형 십자가가 우뚝 서 있다. 하얀 십자가는 웅변보다 더 큰 침묵으로 이곳을 지나는 사람들에게 '복음'을 전하고 있었다. 도시는 구도시와 신도시로 구분되어 있다. 구도시는 조금 높은 언덕인 '파나기아'(Panagia) 지역에 있고, 신도시는 항구를 끼고 발달하였다. 구도시의 중요한 교회와 건축물들이 '네압볼리'의 찬란했던 역사를 대변해 주고 있었다.

이곳에서 중요한 곳은 바울이 유럽 최초로 도착한 지역임을 기념하여 1928년에 건립한 '바울기념교회'가 구도시로 올라가는 길옆에 있다. 큰길을 따라 올라가면 '오스만 제국'이 건설했던 '수로교'가 위용을 뽐내고 있으며, 계속 오르면 정상에는 비잔틴 시대의 성곽이 역사의 증인이 되어 '네압볼리'를 지키고 있다.

'네압볼리'는 처음에는 '드라게 지방'에 속했으나 나중에 제1, 2 아테네 동맹국의 한 부분이 되었고 결국 로마령의 마게도니아 영지에 속하게 되었다. 오늘날 '네압볼리'는 '데살로니가' 다음 가는 제2의 항구도시로 현재 인구가 약 20만 명쯤 된다. 도시 중심부에 'Information Centre'가 있다. 그곳에서 안내 책자와 지도를 무료로 받을 수 있다.

바울기념교회(St. George Church)

▲ 바울기념교회(St. George Church) ⓒ김환기

 '네압볼리'에는 바울의 도착을 기리는 '바울기념교회'가 두 곳이나 세워져 있다. 한 곳은 항구 가까이에 있고, 다른 곳은 항구의 언덕 위에 있다. 항구 가까이에 있는 교회는 '성 조지 교회'이다.

'성 조지 교회'의 남쪽 입구 대리석으로 만든 구조물에 '모자이크'로 바울이 이곳에 오는 장면을 그린 성화가 있다. 성화 왼쪽 편엔 바울이 드로아에서 "밤에 환상이 바울에게 보이니 마게도냐 사람 하나가 서서 그에게 청하여 가로되 마게도냐로 건너 와서 우리를 도우라하거늘"(행 16:9) 한 그 환상을 그린 것이며, 오른편에는 바울이 '네압볼리 항구'에 배를 대고 뭍으로 올라오는 모습을 그린 성화이다.

터키 드로아 항구에서 '네압볼리'까지는 바닷길로 185km쯤 떨어졌다. 바울이 2차 전도여행 때는 '드로아'에서 '네압볼리'까지는 이틀이 걸렸는데, 3차 전도여행 때는 '네압볼리'에서 '드로아'까지 가는 데 닷새나 걸렸다. 성서를 읽으면서 의문이 생겼다. 왜 같은 '해로'인데 이렇게 많은 차이가 났을까? 다른 섬에 들렀다는 기록이 없는 것을 보면 분명 직접 간 것 같은데… 혹시 '해류'가 '드로아'에서 '네압볼리'로 흐르고 있는 것은 아닐까? 같은 '항로'인데 '기류' 때문에 '시드니에서 한국' 가는 시간과 '한국에서 시드니' 오는 시간이 다른 것처럼.

성곽(Fortress)과 수로교(水路橋, Aqueduct)

▲ 성곽(Fortress)과 수로교(水路橋, Aqueduct) ⓒ김환기

'파나기아 언덕' 위에는 비잔틴 시대에 건축했던 성곽이 있다. 6세기 경에 비잔틴 황제인 '저스티니안 1세'(Justinian 1)는 야만족으로부터 보호하기 위하여 성곽을 쌓았다. 8, 9세기 때는 '불가리아인'의 공격을

11. 네압볼리(NeaPolis)

막기 위해 이 지역을 더욱 견고하게 요새화하였다. 이후 '네압볼리'는 경제적으로 부흥하였으나, '노르만'(Norman)의 침입으로 도시는 1185년에 불타게 된다. '오스만 제국'이 1387년부터 1912년까지 지배할 당시에 '수로교(水路橋, Aqueduct)'를 건설하였다.

오스만 제국은 비잔틴 시대에 건설되었던 성곽을 보수하고 연장하여 더 튼튼하게 쌓았다. 따라서 현재 있는 성곽은 '비잔틴 제국과 오스만 제국'의 합작품이라고 할 수 있다.

'수로교'를 글자대로 풀이하면 '물길다리'이다. 땅에 물길을 내면 '수로'인데 교량에 물길을 내니 '수로교'라고 한다. 나는 이런 구조물이 너무 낯설어 알 수가 없었다. 구조물 옆에 있는 안내문을 읽고 나서야 이해할 수 있었다. '카이로'에 갔을 때 도시 한복판에 '수로교'가 있는 것을 보았다. '나일강'의 물을 도시 중심부로 나르기 위해 만든 것이다. 이스라엘의 '가이사랴'에도 '수로교'가 남아 있다.

나는 '네압볼리'의 일정을 마치자마자 '데살로니가'행 버스에 몸을 실었다. '데살로니가'는 바울이 2차 전도여행 때에 세 안식일에 걸쳐서 전도한 결과 교회를 세운 곳이다. 그러나 그 성에 사는 유대인들이 바울을 대항하여 소동을 일으켜서 바울은 할 수 없이 그곳을 떠나게 된다.

바울이 '고린도'에서 목회를 하고 있을 때 '디모데'에게 '데살로니가' 소식을 듣고 쓴 편지가 '데살로니가전·후서'이다. 현재 '데살로니가'는 그리스의 수도인 '아테네' 다음으로 큰 도시이다.

12. 데살로니가(Thessalonica)

▲ 데살로니가는 에메랄드빛의 에게해를 품고 발달한 아름다운 도시이다. ⓒ김환기

'네압볼리'에서 '데살로니가'까지는 버스로 130km 떨어져 있고, 버스로 약 2시간 정도 걸린다. 원래 계획은 '드라마'에서 기차를 타고 가려고 했으나, 다행히도 '네압볼리'에 '데살로니가'행 버스가 있었다. 데살로니가는 에메랄드빛의 에게해를 품고 발달한 아름다운 도시이다. 여느 고대 도시와 마찬가지로 이곳도 '신도시와 구도시'가 확연하게 구분되어 있다.

언덕 위의 구도시는 성곽으로 둘러싸여 있었고, 바다를 끼고 발달한 신도시는 전통과 현대가 절묘하게 조화를 이루고 있었다. 금방이라도 바다로 뛰어들 것 같은 '말 탄 알렉산더 대왕'의 동상도 인상적이었다. '데살로니가'는 2010년 3월 8일에 '부산'과 '자매결연'을 맺어 멀지만 가까운 도시가 되었다.

데살로니가(Thessalonica)

▲ '말 탄 알렉산더 대왕'의 동상 ⓒ김환기

'데살로니가'는 에게해(Aegean)의 항구도시다. 동양과 서양을 연결하는 아치형의 문과 같은 위치에 있어서 교통의 요지였다. 데살로니가는 로마와 동방을 맺는 주요 군사 도로인 '에그나티아가도'의 중심지에 있었고, '빌립보'에서 약 161km의 지점에 있었기에 군사상으로도 중요한 도시였다.

'필립 왕'의 딸이며, '알렉산더 대왕'의 이복 누이동생인 '테살로니케'(Thessalonike)와 결혼하여 '마게도냐' 왕위에 오른 '카산드로스'(Kasandros, BC 388-297)가 BC 315년 성을 재건하고, 아내 '테살로니케'를 위해 도시 이름을 '데살로니가'라고 지었다.

주전 146년에 마게도냐 지방이 로마에 귀속되면서 '마게도냐' 속주의 수도가 되었다. 주전 49년에 로마의 '폼페이우스'가 '시저'를 피해 도피 생활을 하기도 하였던 곳으로, '빌립보 전투'에서 '옥타비아누스'와 '안토니우스'를 지지함으로써 더욱 발전할 수 있는 기반을 다졌다. 7세기에 '동로마제국'이 '이집트'와 '시리아'를 빼앗은 후 '데살로니가'는 동로마제국에서 '콘스탄티노플' 다음가는 대도시로 번성했다.

주후 14세기에 있었던 두 차례의 '비잔틴 제국'의 내전 때에 중요 거점 도시로서 이용되기도 했으며, 그 당시 신학 논쟁은 이곳을 중심으로 일어났다. 이 논쟁은 그리스 전 교회의 중요한 사건의 하나로서 1341년과 1343년 연이어 열린 '콘스탄티노플'의 '교회회의'에 '헤시카즘'(HESYCHASM)이 정교회의 중요한 교리로서 공인되게 되었다. 1430년 이후 거의 500년 동안이나 터키 지배하에 있다가 1912년에

와서야 다시 그리스 영토가 되었다. 현재는 100만 이상의 인구가 사는 명실공히 그리스 제2의 도시이다.

비잔틴 문화 박물관(Museum of Byzantine Culture)

▲ 비잔틴 문화 박물관 ⓒ김환기

'데살로니가'에는 두 개의 박물관이 있다. 한 곳은 일반 유물이 전시된 '데살로니가 박물관'이고, 다른 곳은 '비잔틴 제국'의 유물이 전시된 '비잔틴 문화 박물관'이다. 두 개의 박물관은 지금까지 내가 가본 그 어느 박물관보다 유물을 잘 전시하여 놓았다.

특별히 '비잔틴 문화 박물관'에는 '비잔틴의 역사'에 대한 '일목요연'한 설명과 함께, 관람객 중심으로 유물이 전시되어 있었다. 아직도 역사학자들 사이에는 '비잔틴 제국'의 시작과 끝에 대한 의견이 분분하다. 학자들 간의 기준이 다르기 때문이다. 나는 이곳에서 연대를 확실하게 구분할 수 있는 기준을 발견했다.

박물관 안으로 들어가면 '비잔틴 제국의 연대기'가 있다. '콘스탄티누스 황제'(324~337)가 수도를 '비잔틴'으로 옮긴 후 자신의 이름을 따서 '콘스탄티노플'로 명명한 330년이 제국의 시작이고, '콘스탄티노플'이 '오스만 제국'에 의해 멸망한 1453년을 제국의 끝으로 기록했다.

수도를 옮긴 후 '콘스탄티노플'은 로마제국의 중심이 되었다. 하지만 '테오도시우스 황제'가 제국을 양분하여 '동로마'를 큰아들 '아르카디우스, '서로마'를 작은아들 '호노리우스'에게 하여금 통치하게 함으로써 분리의 원인이 되었다.

12. 데살로니가(Thessalonica)

결국, 395년 그가 사망한 후 로마제국은 '동로마'와 '서로마'로 분리되었다. '비잔틴 제국'이라 불리는 '동로마 제국'은 정치적으로 로마의 제도를 이어받고, 종교적으로 기독교를 국교로 삼았으며, 문화적으로는 '헬레니즘'을 기조로 하였다. '서로마가 멸망'(AD 476)한 후에도 무려 1000년간을 더 존속하여 12세기까지 '비잔틴 제국'은 중세의 국제정치무대에서 중심지였다. 하지만 지나치게 광범위한 정복지의 영역이 오히려 새로운 문제를 불러일으켰다. 결국, 행정적 구조가 절대 정복지를 통제하지 못하게 되어, 비잔틴 제국은 마침내 1453년 '오스만 제국'에 의해 멸망했다.

데살로니가 교회(Church of Thessalonica)

▲데살로니가 교회 ⓒ김환기

'데살로니가'는 공사 중이다. 도로를 보수하고, 유적을 발굴하고, 교회를 개축하고… '그리스 정교회'를 방문하면 '개신교나 가톨릭'과

는 분위기가 다르다는 것을 느낄 수 있다. 그뿐만 아니라 '기도 제단'을 교회 앞에 만들어, 오가는 사람들이 굳이 교회 안으로 들어오지 않아도 그 앞에서 기도할 수 있게 한 교회들도 있다. '데살로니가'에 최초로 교회를 설립한 사람은 바울이다.

바울은 제2차 전도여행 중에 처음으로 아시아에서 '마게도냐'로 건너가, 빌립보에서 첫 선교 사업을 시작하여 빌립보 교회를 설립하였으나, 그로 인해서 매를 맞고 갇히는 신세가 되었다. 하지만 바울 일행은 하나님의 특별한 이적으로 구출되어 '마게도냐'의 수도인 '데살로니가'에 도착하게 되었다.

바울은 '데살로니가'에서 유대교 회당에서 들어가 그리스도의 고난과 죽은 자 가운데서 다시 살아나심을 가르쳤다. 바울의 이 같은 전도 활동으로 인해 유대인과 경건한 헬라인과 유대교로 개종한 이방인들이 회개하고 예수 그리스도를 믿게 되었다. 그러나 그 성에 사는 유대인들이 바울을 대항하여 소동을 일으켜서 바울은 할 수 없이 그곳을 떠나게 되었다. '데살로니가 전·후서'는 제2차 전도여행 중이던 AD 51~53년경, 바울이 고린도에서 데살로니가 교회 앞으로 써 보낸 편지이다.

이제 나는 그리스의 모든 일정을 마치고 밤 비행기를 타고 '카이로'로 간다. '데살로니가'에는 직항비행기가 없어서 '아테네'를 거쳐 '카이로'로 간다. '카이로'에는 새벽 2시가 조금 넘어 도착할 예정이다. '카이로'에 있는 민박집에 '이메일'로 픽업을 부탁한다고 했는데, 아직 답장을 받지 못한 상태이다.

12. 데살로니가(Thessalonica)

13. 카이로(Cairo)

그리스의 모든 일정을 마치고 '데살로니가'에서 밤 비행기에 몸을 실었다. 직항이 없어 아테네에서 카이로행 비행기로 갈아타야 했다. 예정보다 비행기가 늦게 출발하여 아테네에서 갈아타는 시간이 빠듯할 것 같아 걱정되었지만, 한편으로 같은 비행사이니 늦더라도 기다려 줄 것으로 생각했다.

만약의 경우를 대비하여 항공사 직원도 제일 앞 좌석에 나를 앉게 하였다. 다행히도 시간 안에 카이로행 비행기를 탈 수 있었다. 하지만 아직 안심할 수가 없었다. 며칠 전 아테네에서 카이로 민박집에 공항 픽업을 부탁한다는 메일을 보냈는데, 아직 답장을 받지 못했기 때문이다.

아테네에서 카이로까지 비행거리는 1,120km이고, 약 1시간 30분 정도 걸린다. 자정이 넘어 출발한 OA 325(Olympic Airline) 비행기는 어둠으로 덮인 지중해 상공을 지나 '카이로 공항'에 도착했다. 갑자기 불안이 밀려온다. 새벽 2시가 지난 이 시간에 누군가 나를 기다리고

있을까? 만약 아무도 나오지 않으면 어떻게 해야 하나?

출입국 심사대는 도떼기시장을 방불케 했다. 사람들은 빨리 나가려고만 했지, 줄을 설 생각은 하지 않았다. 나도 질세라 몸싸움을 하며 심사대까지 갔으나 비자를 사지 않았다며 '환전소'에서 비자를 사서 다시 오라는 것이다. 이곳은 본인이 '비자'를 사서 여권에 붙이면, 이민성 직원이 도장을 찍어 입국하는 정말 이상한 나라이다.

밖으로 나오자 공항 안은 더 가관이었다. '하이옥타브'에 쉰 목소리로 고함지르는 '호객꾼'들 때문에 정신을 차릴 수가 없었다. 그중 한 호객꾼이 계속 따라오며 '택시'를 타라고 애원하는 것이다. 나는 그의 호의(?)를 무시하고 민박집 사장님을 기다렸다. 얼마나 지났을까? 멀리서 내 이름을 부르는 사람이 있었다. 단 한 통의 메일을 믿고 잠도 자지 않고 나와 준 민박집 사장님. 이것은 감동이었다.

13. 카이로(Cairo)

▲ 민박집 앞에서 바라본 카이로 거리 ⓒ김환기

이집트(Egypt)

아프리카 동북부를 차지하고 이집트는 인류 4대 문명의 발상지 중 한 곳이다. 정식 명칭은 '이집트 아랍공화국'(Arab Republic of Egypt)이다. 북동쪽으로 이스라엘과 가자 지구, 서쪽으로 리비아, 남쪽으로는 수단과 국경을 접하고, 북쪽과 동쪽으로 '지중해와 홍해'가 있다. 국토의 일부인 시나이반도가 이스라엘과 접경하여 중동지방에 걸쳐 있다. 이집트의 면적은 남한의 11배가 되며, 인구는 약 1억 2천만 명(2021년 7월)이다.

국민의 대부분은 '이집트인'이다. 지정학적으로 아프리카 대륙에 속해 있지만, 역사적으로는 유럽, 중동과 함께 활동하다 보니 '혼혈 민족'의 대표적인 나라이다. 언어는 아랍어가 공통어이고 종교는 이슬람교이다. 국토의 95%가 사막이고 주민 99%가 나일강 골짜기와 고센땅이 있는 삼각주 지역에 산다.

역사의 아버지인 '헤로도투스'가 이집트는 '나일강의 선물'이라 묘사한 것처럼 이집트 역사는 세계에서 가장 긴 나일강(약 6,690km)을 중심으로 발달하였다. 나일강의 원류는 적도 부근의 '킬리만자로' 만년설이 '탄자니아'의 '빅토리아호'로 흘러들어 수단의 백나일과 에티오피아의 청나일로 나뉘었다가, 이집트의 '아스완댐'에서 합류하여 지중해까지 흐른다.

물은 하류에서 부채꼴 모양으로 갈라지면서 나일 삼각주를 이루는데, 수도인 카이로 역시 나일강 삼각주 남단에 형성된 도시이다. 나일강과 주변의 기름진 토양을 바탕으로 일찍 농경이 발달하였다. 해마다 겪게 되는 나일강의 범람은 상류의 비옥한 퇴적물을 운반하는 작용을 하였으므로 매년 나일강변은 새로운 풍요로운 땅으로 변한다.

13. 카이로(Cairo)

카이로(Cairo)

 '카이로'는 약 1,700만 명이 사는 이집트의 수도이면서 동서양 및 아프리카 3개 문화의 교차 지점이기도 하다. 아랍어로 '카히라(Kahira)'라고도 불리는데, '승리자'란 뜻이 있다. 카이로의 도심 중앙을 뚫고 지나가는 나일강은 이집트의 젖줄이다. 카이로는 나일강 삼각주 남단에 있는데, 북쪽의 지중해 기후와 남쪽의 사막 기후 중간에 해당하는 반 건조 기후로 강수량이 적은 도시이다. 카이로는 물을 찾아 내려오는 사람들이 살기 적당한 지대로 모여들게 되어 나일강이 만든 도시이다.

▲ 카이로 기차역 ⓒ김환기

나일강은 모세와도 밀접한 관련이 있다. 모세는 '물에서 건져냈다'는 뜻이다. 그의 아버지는 '아므람'이요, 그의 어머니는 '요게벳'으로 애굽에서 출생하였다(민26:59). 그 부모가 다 같이 레위지파 사람으로 경건한 사람들이었다. 모세가 출생했을 때 그 준수함을 보고서 요게벳이 3개월을 숨겨 길렀으나 더는 숨길 수 없어 '갈대상자'에 역청과 나무진을 칠하고 아이를 담아 나일강에 흘려보냈다. 극적으로 바로의 공주가 발견하여 궁중에서 양육을 받게 되고 후에 자기 민족의 지도자가 된다.

'시카고'에 가면 시내 한복판에 1973년에 건축한 '스탠다드 오일'(Standard Oil)사의 83층 빌딩이 있다. '하얀색의 직사각형 빌딩'은 '파란색의 오대호'와 어우러져 '인간과 자연'의 절묘한 조화를 이루고 있다. '시카고 사관학교'에서 공부할 때, '스탠다드 오일사'가 어떻게 이집트에 진출하게 되었는가에 대하여 들었다.

"스탠다드 오일사에 근무하는 중역이 출애굽기 2장에서 '갈대상자'를 가져다가 역청과 나무진을 칠하고 모세를 나일강에 띄웠다는 구절을 읽게 되었다. '역청'이란 영어로 '피치'(Pitch)이며 석유의 일종이다. 성서에서 힌트를 얻은 그는 지질학자를 나일강 주변에 보내어 탐사하게 하였다. 얼마 후 그는 나일강 유역에서 석유를 발견하게 되었다."

13. 카이로(Cairo)

▲ 이집트 박물관 ⓒ김환기

이집트 박물관(Egyptian Museum)

이집트의 상징이 '피라미드와 스핑크스'라면, 카이로의 상징은 '박물관'이 아닐까 생각한다. 나는 제일 먼저 박물관을 찾았다. 이곳은 사진 촬영금지 지역이다. 카메라는 입구에서 보관하고 나올 때 돌려준다. 박물관은 1857년에 만들어진 것으로, 프랑스인 이집트 학자 '어거스트

마리에트'가 당시의 지배자 '사이드 파샤'에게 유언함으로써 이루어졌다. 1, 2층으로 구성된 박물관은 1층은 왕조 연대별로 전시가 이루어지고 있고, 2층은 '투탕카멘왕'(Tutankhamun)의 '황금 마스크' 및 왕의 묘에서 발굴된 매장품이 전시되어 있다. 대부분 유물은 '영혼 불멸설'을 믿고 있는 이집트인의 죽음, 종교, 왕, 신 등과 관련이 있었다.

▲ 카이로 버스터미널 ⓒ김환기

너무 많은 유물을 비좁은 박물관에 한꺼번에 전시하다 보니, 어디서부터 관람을 시작해서 어디에서 끝나야 할지 알 수가 없었다. 마치 유물을 전시하여 놓은 것이 아니라 쌓아 놓은 것 같았다. 단체로 온 팀을 따라 다니며 설명을 들어보려고도 했지만 허사였다. 어쩔 수 없이 수박 겉핥기식으로 박물관을 두세 번 돌다가 5,000년의 역사를 뒤로하고 그냥 나올 수밖에 없었다.

밖에 나오니 이제는 '기념품'을 사라는 장사치들이 쫓아다니는 것이다. 이집트는 정말 친절한 나라이다. 어느 곳을 가든지 사람을 가만 놔두지 않고 쫓아다니며 뭔가 도와(?)주려고 하니 말이다. 너무 친절한 사람들 때문에 내일이라도 당장 카이로를 탈출하고 싶었다.

하지만 내일은 '헤롯대왕'의 박해를 피해 '아기예수'가 머물렀던 '올드카이로'(Old Cairo)를 방문해야 한다. 어디 그뿐인가, 이집트에 왔으니 최소한 '피라미드와 스핑크스'는 보고 가야 하지 않겠는가!

14. 기자(Giza)

　이집트 하면 가장 먼저 연상되는 것이 '피라미드(Pyramid)'와 '스핑크스(Sphinx)'이다. '카이로'에서 조금 떨어진 '기자'(Giza)라는 곳에 세계적으로 유명한 세 개의 피라미드가 있다.

　민박에서 만난 청년 두 명과 함께 기자로 가는 택시를 탔다. 실랑이 끝에 30파운드로 합의했다. 피라미드가 가까워질 때쯤에 어떤 사람이 택시를 세운다. '라마단 기간'이라 안에까지 갈 수 없다고 한다. 반신반의했지만 어쩔 수가 없었다. 내리려고 하니 택시 기사가 돈을 더 요구한다. 청년들은 한 옥타브 올린 야단치는 목소리로 한방에 기사의 요구를 제압했다.

　이곳 여행은 긴장을 늦출 수가 없다. 처음과 끝이 언제나 다르기 때문이다. 차를 세운 사람은 알고 보니 '전문 호객꾼'이었다. 그는 사람이 없는 뒷골목으로 우리를 데리고 갔다. "어디로 가냐"고 몇 번 물어보았으나 대답을 하지 않는다. 우리는 이미 그의 손안에 있었다. 그가 안내하는 조그만 사무실로 들어갔다. 도보로 피라미드를 구경하기에

는 너무 머니 낙타를 타고 가야 한다는 것이다.

낙타를 타고 가는 코스는 두 종류가 있었다. 첫 번째 코스는 1시간으로 피라미드 가까이 가지 않고 멀리서 보는 것이고, 두 번째 코스는 2시간으로 3개의 피라미드에 가서 사진까지 찍을 수 있다는 것이다. 함께 간 청년들이 협상 테이블에 앉았다. 가격 흥정은 마치 줄다리기 하는 것 같았다. 청년들은 그가 제시한 1/3 가격으로 두 시간 코스의 낙타를 타는 개가를 올렸다.

▲ 낙타 수고비까지 지불하고 낙타 관광을 즐긴 필자 ⓒ김환기

피라미드(Pyramid)

사람의 손으로 만들어진 세계 최대의 건조물인 피라미드는 고대 왕국의 전성기인 기원전 2700년경에 만들어졌다. 이집트 전체에서 94개의 피라미드가 발견되었다. 이집트의 피라미드는 대체로 국왕, 왕비 등 왕족의 무덤으로 쓰였을 것이라는 설이 가장 유력하지만, 무덤이 아닐 가능성도 있다.

피라미드의 어원은 고대 그리스어 피라미드이며, 이집트인은 "메르라"라고 불렀다고 한다. 그중에서 기자의 3대 피라미드가 가장 유명하다. 쿠푸왕의 피라미드가 가장 큰 피라미드이기에 '대 피라미드'라고도 불린다. 바로 옆에 아들과 손자 파라오의 피라미드가 있다.

▲ 쿠푸왕의 피라미드 ⓒ김환기

　쿠푸왕의 피라미드는 높이 147m, 밑변 230m, 경사각 51도 50분으로 정확하게 쌓여 있다. 사용된 돌은 한 개의 무게가 약 2t이나 되는 큰 돌 약 230만 개를 써서 만들어졌다. 가까이 가니 돌 하나의 높이가 내 키보다 컸다. 정말 불가사의하다. 이런 엄청난 돌을 어디서 가지고 왔으며, 어떻게 이렇게 높고 정교하게 쌓을 수 있었을까?

　그뿐만 아니라 피라미드의 경이로운 점은 아마도 그 거대한 구조물의 방향일 것이다. 각 능선은 거의 정확하게 동서남북을 가리키고 있다. 그 각도의 오차는 진북(眞北)에서 5분밖에 벗어나 있지 않을 정도로 너무나도 미미한 것이어서, 우연한 배열의 결과라고는 도저히 생각할 수 없다.

▲ 이집트 기자 지역에 있는 세계적으로 유명한 세 개의 피라미드 ⓒ김환기

 또한, 현대 20세기의 건축물로도 따라갈 수 없는 정확성은 도저히 인간의 작품이라고 생각하기 힘들 정도이다. 105m 높이의 '상승 통로'는 완벽한 배역에서 1cm도 벗어나지 않았으며, 이 피라미드가 건조될 당시 천구(天球)의 북극에 가장 가까운 위치에 있던 용자리의 알파별을 지표로 삼아 이 통로를 만들었다고 생각하는 학자들도 있다. 이런 놀라운 배열로 미루어 보아, 피라미드는 단순한 무덤이 아니라, 해시계이고, 달력이고, 동시에 천문대였다고 주장하는 학자들도 있다.

스핑크스(Sphinx)

피라미드를 지키는 의미로 세워진 사람의 머리와 사자의 몸을 가진 스핑크스(sphinx)는 '교살자'라는 의미의 그리스어이다. 스핑크스는 원래 이집트어로는 '살아 있는 형상'이라는 의미가 있는 '후 헤레마쿠트'(Hu Here- maakhut)이며, 아랍 이름은 '아불 훌'(Abul Hul)로서 '공포의 아버지'란 뜻이다. 전체가 하나의 석회암으로 조각된 것으로서 주변을 골짜기같이 깎아서 만든 것이다. 즉 피라미드처럼 단을 쌓아서 올라가며 만든 것이 아니라 하나의 거대한 돌덩이를 깎아서 만들었다는 것이다.

기자의 스핑크스는 전체 길이 60m, 높이 20m 석회암으로 되어 있다. 스핑크스는 카프레 왕의 피라미드 앞에 있어서 카프레 왕 때인 기원전 2550년경에 만들어진 것으로 알려져 있었지만, 카프레 왕 피라미드와 스핑크스는 제작법이 다르고 석재의 산지와 공법도 다르다고 한다.

스핑크스의 코는 깨져 있다. 스핑크스뿐 아니라 이집트 안의 석상은 거의 다 코가 없다. 나폴레옹이 대포를 쏘아서 그렇게 만들었다는 설도 있으나, 문화재에 심취해 있던 나폴레옹이 그러한 일을 했을 가능성은 아주 희박하다. 다른 주장으로는 이슬람교의 우상 숭배 금지 때문에 파괴되었다고 하는 주장이 있다. 이슬람교도들이 스핑크스의 코

를 부수면 스핑크스가 살아나지 못할 것이라고 믿었기 때문이다. 또한, 터키 병사들이 포격 연습을 하였다는 주장도 있다.

　스핑크스는 이집트 외에 시리아, 페니키아, 바빌로니아, 페르시아, 그리스 등지에서도 일찍부터 알려져 있었다. 특히 그리스 신화에서 "아침에는 네 다리로, 낮에는 두 다리로, 밤에는 세 다리로 걷는 짐승이 무엇이냐."라는 이른바 '스핑크스의 수수께끼'를 내어 그 수수께끼를 풀지 못한 사람을 잡아먹었다는 전설은 유명하다. 그런데 '오이디푸스'가 "그것은 사람이다."라고 대답하자, 스핑크스가 물속에 몸을 던져 죽었다고 전해진다.

낙타(Camel)

관광이 끝나고 낙타를 탄 상태에서 같이 안내한 꼬마의 수고비를 따로 요구하는 것이다. 계약은 자기와 했지, 꼬마와는 하지 않았다는 것이다. 돈을 더 주지 않으면 2m가 넘는 낙타 위에 앉아 있는 나를

내려주지 않을 기세였다. 어쩔 수 없이 꼬마에게 돈을 건네주었다. 돈을 받자마자 "낙타도 수고하지 않았느냐"며 낙타 수고비를 달라고 한다. 정말 어처구니가 없었다. 이 경험이 나중에 '알렉산드리아'에서 바가지를 쓰지 않는 데 큰 도움이 되었다.

모든 거래가 끝나자 그는 친절하게 우리에게 택시를 잡아 주었다. 기사가 "얼마면 탈 거냐"고 묻기에 가격을 제시하였으나, 그 가격으로는 갈 수 없다고 한다. 우리는 옆에 서 있는 택시로 갔다. 그는 우리가 제시한 가격에 가겠다고 하니, 처음 기사가 자기 손님을 빼앗았다며 시비를 거는 것이다.

카이로 택시는 거의 다 미터기가 없다. 있더라도 절대로 사용하지 않는다. 그래서 반드시 출발 전에 흥정해야만 한다. 그리고 잔돈을 항상 가지고 다녀야 한다. 카이로 터미널을 가기 위해 택시를 탔는데, 택시 기사가 잔돈이 없다며 거스름돈을 줄 생각을 하지 않는 것이다. 버스 출발 시간이 가까워져서 어쩔 수 없이 거스름돈을 받지 못하고 내려야만 했다.

정말 이곳은 내 체질이 아니다. 하지만 이곳을 즐기는 방법도 있다. 흥정이 취미인 사람들에게는 정말 좋은 나라이다. 싼 물건들을 흥정해서 더 싸게 살 수 있다면 이만큼 좋은 나라가 어디 있겠는가! 그러나 나에게 이집트는 가까이하기에 너무 먼 당신이다. 그렇다고 떠날

14. 기자(Giza)

수도 없었다. 아직 방문할 몇 군데를 남겨 두었기 때문이다. 나는 발걸음을 옮겨 '아기 예수'가 피신했고, 콥틱교(Coptic)의 박물관이 있는 '올드 카이로'(Old Cairo)로 향했다.

15. 올드 카이로(Old Cairo)

'올드 카이로'는 외국인에게는 '콥틱지역', 카이로 사람들은 '구 시가지'라는 의미의 '마스르 알 카디마'로 불린다. 이곳에는 회교, 유대교 그리고 기독교가 공존하고 있다. 카이로 신시가지에서 전철을 타고 30분 정도 가서 'Mar Girgis' 역에서 내리면 된다. 전철역 바로 앞에 '세인트 조지 교회', 그 옆에 '콥틱 박물관'이 있다. 교회 좌측으로 조금 가면 지하로 내려가는 길이 있다. 좁은 지하 길을 따라가면 '아기 예수 피난교회'가 보인다.

▲ 콥틱 지역으로 불리는 올드 카이로 거리 풍경 ⓒ김환기

세인트 조지 교회(Church of St. George)

▲ 세인트 조지 교회 ⓒ김환기

주일에 '세인트 조지 교회'에서 예배를 드렸다. 교회가 크고 유명해서 많은 사람이 참석할 것이라는 기대 속에 이곳을 찾았다. 기대와 달리 10여 명만이 미사를 드리고 있었다. 교회 내부는 어두웠다. 아마 '콥틱

교회'의 분위기가 이런 것이 아닌가 짐작하여 본다. 중앙에 달린 큰 샹들리에 빛이 내부를 밝히고 있었다. 정면에 십자가에 못 박힌 예수님상이 있고, 왼쪽에는 마리아가 아기 예수를 안고 있는 성화가 있었다. 나는 조용히 뒷자리에 앉았다. 알아들을 수 없는 언어로 미사가 진행되고 있었다. 앞사람이 일어나면 따라 일어났고, 앉으면 나도 앉았다.

나는 이와 비슷한 경험을 한 적이 있었다. 2008년 8월에 '종교 간의 대화'를 위하여 '본다이'에 있는 '임마누엘 회당'에 간 적이 있었다. 안식일 집회가 오후 9시에 있는 것을 알고 회당 랍비에게 연락해서 참석할 의사를 밝혔다. 히브리어로 집회가 진행되니 조금 걱정된다고 했다. 그때 랍비가 이렇게 조언을 해주었다. "걱정하지 마세요, 앞사람이 일어나면 같이 일어나고, 앉을 때 따라 앉으면 됩니다."

예배가 무르익어 갈 때쯤 사람들이 앞으로 나간다. 사람들은 줄을 서서 사제가 들고 있는 접시 안의 음식을 머리를 숙이고 입을 대고 먹는다. 근엄한 사제복을 입고, 긴 수염을 한 사제의 거룩한 모습은 성찬식에 참여한 모든 이들을 회개시키기에 부족함이 없었다.

이집트는 회교 국가이다. 회교 국가의 성일은 '금요일'이다. 무슬림 교리에 따르면 아담을 창조한 날이 금요일이었고, 범죄를 저질러 쫓겨난 날도 금요일이고, 천국에 들어갈 수 있는 날도 금요일이다. 그뿐만 아니라 최후의 심판이 행해지는 날도 금요일이다. 회교 국가에 사

15. 올드 카이로(Old Cairo)

는 기독교인들은 특별한 경우를 제외하고는 '주일예배'를 드릴 수가 없다. 자기 사업을 하는 사람들은 예외가 될지 모르겠지만, 공동체에 속하여 일하는 사람들에게는 선택의 여지가 없다. 금요일에 무슬림은 모스크에서, 크리스천은 교회에서 예배를 드린다. 그래서 주일인 오늘 '세인트 조지 교회'에 사람들이 없었다.

콥틱 박물관(Coptic Museum)

▲ 콥틱 박물관 ⓒ김환기

'콥틱(Coptic)'이란 뜻은 당시에 '알렉산드리아'에 살고 있던 디아스포라 유대인들이 '복잡한 이집트어'를 공용어인 '희랍어'로 단순화한 글을 '콥틱어'(The Coptic Language)라고 한다. 콥틱어는 이집트의 상형문자를 판독하는 수단으로, 특히 고대 문자의 발음에 관한 중요한 단서를 제공하고 있다. 무슬림 세력이 이집트를 점령하고 나서 언어를 아랍어로 바꾸었지만, 알렉산더에 살고 있던 기독교인들은 끝까지 자신들의 언어인 '콥틱어'를 고수하였다.

그 후 기독교인들이 '콥틱어'를 사용함으로 '콥틱교'라고 불리게 되었다. '콥틱교'는 정교회에 속해 있다. 기독교를 크게 분리하면 로마 중심으로 발달한 '서방교회'인 가톨릭과 '콘스탄티노플' 중심으로 발달한 '동방 정교회(Orthodox Church)'가 있다. 정교회는 그리스 정교회, 러시아 정교회, 앗시리아 정교회 등 국가 이름을 사용하지만, 이집트는 '콥틱교회'(Coptic Church)라고 한다.

'콥틱교'를 논할 때 간과할 수 없는 것은 '수도원 운동'이다. 수도원 운동은 콥틱교에서 시작하여 세계로 확산되었다. '올드 카이로'에 가면 '콥틱 박물관'이 있다. 장식된 많은 유물이 '수도원'과 관련이 있다. 유물들은 사막의 기후 덕분에 잘 보존되어 있었다. 박물관을 관람하면서 '사막의 교부'들이 콥틱교 출신임을 알게 되었다.

박물관 내부에는 유명한 '사막의 교부'(Desert Fathers)인 '안토니우

15. 올드 카이로(Old Cairo)　　　　　　　　　　　　141

스(AD 250-353)'에 관하여 자세하게 설명하고 있다. 당시 '안토니우스'에 의해 시작된 '수도원 운동'은 '동방교회'뿐 아니라 '서방교회'에도 큰 영향을 끼쳤다. 오늘날 '영성'(spirituality)이란 용어는 아마 이때를 기원으로 삼아야 하지 않나 생각한다.

아기예수 피난교회(The Church of Abu Serga)

▲ 아기예수 피난교회 ⓒ김환기

성서의 마태복음 2:13-15절을 보면 예수께서 헤롯왕의 박해를 피하여 애굽으로 갔다.

"그들이 떠난 후에 주의 사자가 요셉에게 현몽하여 이르되 헤롯이 아기를 찾아 죽이려 하니 일어나 아기와 그의 어머니를 데리고 애굽으로 피하여 내가 네게 이르기까지 거기 있으라 하시니 요셉이 일어나서 밤에 아기와 그의 어머니를 데리고 애굽으로 떠나가 헤롯이 죽기까지 거기 있었으니 이는 주께서 선지자를 통하여 말씀하신바 애굽으로부터 내 아들을 불렀다 함을 이루려 하심이라"

'아기예수 피난교회'는 요셉이 아기 예수를 데리고 피난 갔을 때 머물렀던 천연 석회암 동굴 위에 지었다고 한다. 일명 '아브사르가의 교회'(The Church of Abu Serga)라고도 하는데, 4세기 초 순교한 '성 세르기우스'의 이름을 딴 것이다. 교회는 본당 옆으로 2개의 복도와 3개의 지성소가 있고 예수님의 열두 제자를 상징하는 12 기둥 중에서 가룟 유다를 상징하는 기둥은 거친 검붉은색 대리석으로 되어 있다.

학자들은 예수님의 애굽 체류 기간을 일반적으로 3년 6개월~7년으로 추정한다. 얼마 전 TV에서 방영된 아기예수의 피난길을 추적한 다큐멘터리를 보았다. 물론 2,000년 전의 사건이니 정확하게 알 수는 없다. 하지만 아직도 아기예수가 그곳을 지나갔다고 주장하는 지역에 '콥틱교회'들이 있음을 알았다. 구체적으로 예수님과 관련된 유물을

15. 올드 카이로(Old Cairo)

제시하는 교회들도 있었다.

'베들레헴'에서 '시나이반도'를 지나 이집트까지의 경로는 결코 쉬운 여정이 아니다. 이스라엘 백성들이 통과하는 데 40년이 걸린 길이다. 더구나 아기예수를 데리고 가는 요셉과 마리아의 여행을 상상해 보라. 당시 예수 가족이 겪었던 어려움을 조금이라도 이해하는 데 도움이 되지 않을까!

다음 목적지는 '지중해의 진주'라 불리는 '알렉산드리아'(Alexandria)이다. BC 332년 알렉산더 대왕이 자신의 이름을 따서 세운 도시이다. 이곳에 콥틱교 제1대 교황인 '성마가'의 유골이 있다. 고대 세계 7대 불가사의 중 하나인 '알렉산드리아 등대'와 고대 세계에서 가장 컸던 '알렉산드리아 도서관'이 있었고, 그리고 그 유명한 '70인역(셉투아진트)'이 번역된 곳이다.

16. 알렉산드리아(Alexandria)

　오늘은 '알렉산드리아'에 가는 날이다. 카이로에서 알렉산드리아까지는 183km가 떨어져 있다. 버스로 약 3시간 정도 걸린다. 갈 때는 버스를 타고 올 때는 기차를 탈 계획으로 출발했다. 처음부터 심상치 않더니 결국 나는 버스를 잘못 탔다. 내가 탄 버스는 알렉산드리아 시내까지 가는 것이 아니었다. 다행히 내 옆에 앉았던 청년의 도움을 받아 버스를 갈아타고 시내까지 갈 수 있었다.

　그는 콥틱 교인이다. 카이로 대학을 졸업하고 컴퓨터 업계에서 일하는 청년인데, 고향이 '알렉산드리아'이다.

　'라마단'이 끝나고 휴가차 고향에 가는 길이었다. 버스 안에서 오래 전부터 알고 싶었던 '단성론'(Monophysitism)에 대한 질문을 했다. 단성론이란 예수 그리스도의 인성을 인정하지 않고 신성만을 믿는 교리이다.

　"콥틱교는 예수 그리스도의 단성론을 믿는다고 하는데 사실입니까?"

"예수그리스도가 육신으로 이 땅에 오셨는데 왜 인간이 아닙니까?"

그는 누가 그런 이야기를 했느냐며 오히려 나에게 반문을 하는 것이다. 그는 콥틱교가 동방정교회의 일원임을 알려 주었다. 침이 마르도록 설명하는 그의 열변을 통해, '단성론'은 콥틱교의 역사적 유물이지, 지금은 아닐 것이라는 생각을 했다.

▲ 알렉산드리아 도서관에 가기 위해 200파운드에 흥정하고 마차를 탔지만, 마부는 내릴 때 말도 수고를 했으니 요금을 더 달라고 요구했다. ⓒ 김환기

알렉산드리아(Alexandria)

'지중해의 진주'라 불리는 알렉산드리아는 따뜻한 기후와 밝은 햇살의 혜택을 입고 있는 도시이다. 알렉산드리아는 BC 332년 '알렉산더 대왕'에 의하여 건설된 도시로, 한때는 지중해에서 가장 잘 나가는 번성한 도시였다. 이집트에서 '카이로' 다음으로 큰 도시로 약 375만 명 정도가 살고 있다.

'알렉산드리아'에 도착하여 제일 먼저 콥틱교회의 제1대 교황이었던 '성 마가교회'를 갈 예정이었다. 사전 정보도 없고, 언어도 통하지 않는 '알렉산드리아' 시내 한복판에 내려 '성 마가교회'를 찾는다는 것이 얼마나 무모한 짓인가는 도착해서 알게 되었다.

차선책으로 세계적으로 유명한 '알렉산드리아 도서관'으로 가기로 했다. 하지만 그곳에 가는 것도 쉬운 일은 아니었다. 갈 길을 몰라 헤매는 내 모습을 보고 지나가던 마차가 섰다.

"어디 갑니까?" "알렉산드리아 도서관." "타세요." "얼마입니까?" "돈 걱정하지 말고 타십시오." 나는 카이로에서 택시 요금 때문에 여러 번 어려움을 당했었다. 돈 걱정하지 말라고 하고, 내릴 때면 엄청난 바가지요금을 요구했다. 그래서 처음부터 흥정하지 않으면 내릴 때 문제가 생긴다. 마부는 계속해서 돈 걱정을 하지 말라고 했다. 그의 속셈을 뻔히 알고 있기에 나는 안 탄다고 버텼다.

결국, 20파운드에 합의를 보고 마차에 올랐다. 그는 가면서 계속해서 말을 건다. "좋은 곳이 있으니 사진을 찍고 가시죠, 잠시 술집에 들렀다 가시죠, 유명한 관광지가 있는데 들렀다 가시죠." 그의 요구에 응하면 나중에 더 많은 돈을 요구한다. 그래서 제안할 때마다 나는 시간이 없으니 빨리 가자며 정중하게 거절했다. 마차는 지중해를 끼고 천천히 달리고 있었다. 이렇게 20분 정도 지났을까, 그는 또 다른 제안을 한다.

"How about Madam, Sir?" 이번엔 조금 언성을 높여 말했다. "I have no time." 그 후 몇 분이 지나 드디어 웅장하고 아름다운 도서관이 눈앞에 나타났다. 재빨리 내리며 20파운드를 주었다. 그는 돈을 받지 않고, 말도 수고를 했으니 더 달라는 것이다. 20파운드로 계약했으니 더 줄 수 없다고 단호하게 말했다. 그는 어쩔 수 없이 받으며, 조금만 더 달라고 사정하는 것이다. 나는 만면에 미소를 지으며 동전 몇 개를 더 주었다.

알렉산드리아 도서관(Bibliotheca Alexandria)

▲ 알렉산드리아 도서관 ⓒ 김환기

'알렉산드리아 도서관'은 고대 세계에서 가장 큰 도서관이었다. 알렉산드리아 도서관은 프톨레마이오스 왕조의 후원으로 발전했으며, 로마 시대까지 지속한 것으로 기록되어 있다. 기원전 290년 이집트 왕 프톨레미 1세 때 수도 알렉산드리아에 문을 연 이 도서관은 이집트, 그리스, 페르시아, 인도 등 고대 동서양의 두루마리와 파피루스 문헌 80만여 권을 소장하며 고대 헬레니즘 문화의 중심지로 주목을 받았었다.

그러나 클레오파트라 여왕 시절 로마 집정관 율리우스 카이사르의 공격으로 본관이 불타 붕괴됐고, 서기 645년 이슬람제국의 침공으로 9백여 년 만에 역사에서 사라졌다. 그 후 1천 3백여 년간 역사책에 기록으로만 남아 있던 알렉산드리아 도서관을 현대에 재현하는 거대한 프로젝트는 1980년 중반에 권좌에서 쫓겨난 호스니 무바라크 이집트 대통령의 부인인 수잔 무바라크의 호소에서 비롯됐다.

세계의 많은 나라가 도서관 건립에 참여했다. 참여한 국가들을 기념하기 위해 외벽에는 그 나라의 언어를 새겨 놓았다. 그중에 한글로 '세' 자가 아주 크게 새겨져 있음을 볼 수 있었다.

과거의 도서관을 기념하고 이에 필적할 수 있으려는 뜻으로 2003년에 '새 알렉산드리아 도서관'(Bibliotheca Alexandria)을 옛 도서관 자리 근처에 개관했다. 새 도서관은 '세계 최고'라는 고대 알렉산드리아 도서관의 명성에 걸맞게 규모 면으로도 압도적이다. 도서관 본관은 지름 1백60m, 높이 33m의 원기둥꼴 건물로 내륙 쪽은 석벽으로 둘러싸여 있지만 지중해 쪽으로 경사면을 이룬 지붕 전체는 자연광을 그대로 받을 수 있는 특수 유리창으로 설계됐다.

첨단 비디오, 영사시설을 갖췄고, 컴퓨터로 모든 관련 정보를 처리할 수 있다. 안에는 책과 함께 첨단 컴퓨터 장비와 박물관을 연상케 하는 유물들이 함께 전시되어 있었다.

콥틱 성 마가 교회(Coptic Saint Mark Church)

▲ 콥틱 성 마가 교회 내부. 극단의 보수적 교회로 교회 안에 성소와 지성소가 구분되어 있다. ⓒ 김환기

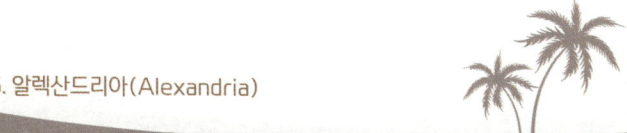

도서관을 관람한 후 직원에게 '성 마가교회'에 관하여 물어보았다. 직원은 잠시 생각하다가, 갑자기 얼굴에 환한 미소를 띠며 이곳에서 얼마 멀지 않다고 했다. 걸어서 갈 수 있다는 그녀의 말에 힘을 얻어 곧바로 가르쳐준 방향으로 출발했다. 약 20분쯤 걸었으나 그녀가 말해준 곳은 나오지 않았다. 길을 가던 학생에게 물어보았다. 자기 학교가 바로 마가 학교이니 따라오라는 것이다.

도착한 곳은 분명 'Mark College'이고 그 안에 '마가 교회'가 있었다. 그런데 내가 찾는 교회가 아니었다. 그곳은 가톨릭에서 운영하는 마가 학교 내 교회이다. 학교 관계자를 만나 '콥틱 마가 교회'에 관하여 물어보았다. 모르겠다며 다른 사람에게 묻고 나서야, 이곳에서 멀리 떨어진 곳에 있다는 것을 알게 되었다. 나는 이집트어로 쓴 '콥틱 성 마가 교회'의 쪽지를 가지고 전철을 탔다.

전철에서 내려 몇 번이고 사람들에게 쪽지를 보여주었다. 드디어 교통경찰의 도움으로 나는 성 마가 교회를 찾을 수가 있었다. 그곳에는 '마가의 두개골'이 안치되어 있다. 대부분의 정교회와 마찬가지로 콥틱 교회는 극단의 보수적 교회로서 교회 안에는 '성소와 지성소'가 구분되어 있다.

'마가의 두개골'은 지성소 안에 있다. 지성소는 일반 성도들이 들어갈 수 없는 곳이다. 그런데 어찌 된 일인가! 나에게 도움의 천사가 날

아왔다. 교회 안에 있는 청년에게 내가 온 목적을 설명하자, 그는 나를 어두운 성소로 인도했다. 성소 안에 검은 사제복을 입은 사람이 구석에서 일어났다.

그는 사제에게 내가 온 목적을 설명하고, 또 하나의 안쪽 문을 열고 지성소로 들어갔다. 지성소 안에는 커다란 성화 앞에 3개의 보물상자(?)가 놓여 있었다. 양쪽 두 상자는 사람이 들어갈 만큼 길고, 중간 상자는 길이가 짧고 컸다. 양쪽 긴 상자에는 유명한 교황의 시신이 안치되어 있고, 가운데 상자에 '마가의 두개골'이 있다고 한다.

몇 장의 사진을 찍고 나오면서 사제와 잠시 이야기를 했다. "오래전 이탈리아 베네치아에 있는 '성 마가 성당'을 방문한 적이 있었습니다. 그곳에는 마가의 시신이 있습니다. 그런데 어떻게 이곳에도 마가의 시신이 있을 수 있습니까?" 이곳에는 시신이 아닌 '두개골'만 있다고 사제는 확인해 주었다. 이집트 '콥틱 교회'에서는 베드로가 아닌 마가를 '초대 교황'으로 추대하였다.

제2대 교황은 마가의 제자였던 '아니아누스'이다. 전통에 의하면 마가는 애굽 북서쪽 리비아 국경 근처에 있는 '펜타폴리스 태생'인데, 그의 아버지 때에 예루살렘으로 이주하여 살게 되었으며 상당히 큰 부자였다는 것이다. 그는 말년에 '알렉산드리아'에 와서 복음을 전했고, 이곳에서 순교하였다고 한다. 아프리카 선교는 마가로 인하

16. 알렉산드리아(Alexandria)

여 시작된 것이다. 그래서 마가를 콥트 교회의 초대 교황으로 추대한 것이다.

 친절하게 청년은 나를 기차역까지 안내해 주었다. 기차는 입석 표밖에 없었다. 청년은 표를 사지 말고 일단 타서 좌석이 나면 앉고, 검표원이 오면 그때 돈을 주면 된다는 것이다. 무임승차인데 불법 아니냐며 입석 표를 사겠다고 했다. 그럴 필요가 없다며 떠밀리다시피 해서 기어이 나는 표 없이 기차에 올랐다.

 청년의 말대로 얼마 있으니 좌석이 비었다. 편히 앉아서 가고 있지만, 마음은 불안했다. 이렇게 카이로까지 가는 것이 아닌가 생각하고 있을 무렵에 검표원이 다가오는 것이다. 나는 표를 못 샀다며 준비한 차비를 주었다. 그는 세어 보더니 더 내라는 것이다. 요구하는 금액을 더 줄 수밖에 없었다. 지금도 나는 알 수 없다. 내가 벌금을 낸 건지 아니면 차비를 착각한 건지.

17. 다합(Dahab)

나는 여행을 하며 시간과 돈을 아끼기 위해 장거리 이동을 할 때는 언제나 야간 비행기나 기차 혹은 버스를 타고 움직였다. 하지만 '시나이반도'는 모세가 출애굽한 길이기에 직접 눈으로 확인하고 싶었다. 아침에 카이로 터미널에서 '다합' 가는 버스를 타기로 했다. 민박집에서 터미널까지 택시를 탔다. 이집트에서 미터기가 있는 택시는 처음 타본다. 택시 기사는 미터기를 사용하는 것을 무척 자랑스럽게 이야기했다. 터미널에 도착하여 지폐를 주니 잔돈을 주지 않는다. 거스름돈이 없다는 것이다. 어처구니가 없었지만, 출발시각이 가까워져 내릴 수밖에 없었다. 갑자기 미터기 없는 택시가 그리워졌다.

▲ 천혜의 자연조건을 가지고 있는 '시간의 블랙홀'로 불리는 다합 ⓒ김환기

시나이반도(Sinai Peninsula)

　카이로에서 다합까지는 9시간 정도 걸린다. 버스는 '시나이반도' 진입을 위해 홍해를 건넜다. 모세는 홍해를 가르고 건넜는데 버스는 홍해 밑 해저 터널로 통과했다. 이곳에 그 유명한 '수에즈 운하'가 있다. '수에즈 운하'는 아프리카와 아시아의 시나이반도를 가로질러 홍해와 지중해를 연결하고 있다. 운하의 길이는 163km이다.

　해군에서 함장으로 복무하다 예편하고, 상선의 선장으로 오대양 육대주를 다녔던 분이 구세군교회에 다니고 계신다. 오래전 그분께서 '수에즈 운하'와 '파나마 운하'의 차이점에 관해 설명해 주셨다. 수에

즈 운하는 지중해와 홍해의 수위 차가 거의 없어 갑문이 없지만, 파나
마 운하는 대서양과 태평양의 수위 차이가 있어 중간중간에 갑문이
있다고 했다. 따라서 '수에즈 운하'보다 '파나마 운하'의 통과 조건이
까다롭다. 선박회사에서도 배를 건조할 때 파나마 운하의 통과를 염
두에 두어야 한다. 파나마 운하의 통행이 가능한 최대 크기의 선박을
'Panamax' 선이라고 한다.

시나이반도는 국제적으로 아주 민감한 지역이다. 검문소마다 여권
을 보여주어야만 했다. 버스는 휴게실에 잠시 정차했다. 상점 안에는
사막 기후로 색깔이 변한 다양한 스낵들이 있었다. 화장실은 돈을 내
고 가야 한다. 이곳에서는 일기예보를 볼 필요가 없다. 언제나 땡볕이
다. 그래서 사막인가 보다. 모세는 200만 명이 넘는 백성들을 인도하
여 이 길을 지나갔다. 끝없이 펼쳐지는 사막을 보며 출애굽 여정이 얼
마나 힘들었을까 미루어 짐작할 수 있었다. 백성들의 계속되는 불평
도 충분히 이해할 수 있었다. 그때마다 엎드려 눈물로 기도할 수밖에
없었던 모세의 심정은 말해 무엇하랴!

▲ 다합 ⓒ김환기

다합(Dahab)

다합은 '시간의 블랙홀'로 불리는 곳이다. 우주의 블랙홀이 모든 것을 흡수한다면, 다합은 시간을 잊게 하는 곳이다. 세계에는 3대 '시간의 블랙홀'이 있다. 태국의 '카오산로드', 파키스탄 '훈자마을', 그리고 이집트의 '다합'이다. 아마 다른 곳도 다합같이 천혜의 자연조건을 가지고 있을 것이다. 밤이 되어 다합에 도착했다. 배낭객들에게 유명한

'Seven Haven'에 머물게 되었다. 이곳은 성수기와 비수기가 따로 구분된 곳이 아니다. 언제나 바쁘고 분주하다.

 방이 없었다. 정확하게 이야기하면 잘 침대가 없었다. 조금 기다리니 침대가 나왔다. 숙박부에 이름을 기재하고 숙박비를 지불했다. 호주 달러로 하룻밤에 2불 정도였다. 종업원의 인도를 받아 잘 방으로 갔다.

 방에는 침대 6개가 있었다. 내 바로 옆 침대에서 백인 여자가 책을 읽고 있었다. 그녀는 영국인으로 중동에 대하여 연구하는 학생이다. 다합에 오기 전에 예멘에도 6개월 있었다고 한다. 다합에 온 지 몇 주 되었지만, 다음 목적지도, 떠날 날짜도 정하지 않고, 시간을 잊어버린 사람처럼 그냥 하루하루를 지내고 있다.

 그녀에게 중동 안내 책자를 빌렸다. 다음 목적지인 이스라엘에 대한 정보를 알기 위해서였다. 며칠 후 밖에 나갔다가 오니 그녀의 침대가 비어 있었다. 어디론가 가버렸다. 그녀의 책은 아직도 내 손에 있는데.

홍해(紅海, Red Sea)

홍해는 이집트의 수에즈에서 바브엘만데브 해협까지 약 2,100km 거리를 남동쪽으로 뻗은 후 바브엘만데브 해협을 거쳐 아덴만 및 인도양과 이어진다. 최대 너비는 304km이다. 서쪽으로 이집트·수단·에티오피아의 해안과 접하고, 동쪽으로는 사우디아라비아 및 예멘의 해안과 이웃한다. 홍해는 북단에서 두 부분으로 갈라지는데, 하나는 수심이 얕은 북서쪽의 수에즈만이고 또 하나는 북동쪽의 아카바만(수심 1,676m)이다.

홍해를 보기 전까지 홍해(Red Sea)에 대한 편견을 버려야 한다. 홍해는 출애굽 사건을 통해 우리에게 매우 익숙한 바다이다. 하지만 '붉은 바다'(Red Sea)라는 용어의 편견 때문에 나는 막연하게 붉은색을 띠고 있을 것으로 생각했다. 다합에서 만난 홍해는 눈부시리만큼 깨끗하고 아름다웠다. 바다 반대편에 '사우디아라비아'가 아스라이 보이고, 아침 햇살에 부서지는 에메랄드의 영롱한 바다 빛은 아름다움 그 자체였다.

다합이 아름다운 또 다른 이유가 있다. 아름다운 바다를 바라보며 식사할 수 있기 때문이다. 사실 나는 먹는 것에 별로 관심이 없다. 못 먹는 것도 없지만, 먹고 싶은 것도 별로 없다. 하지만 개인적으로 음식에 대한 철학은 있다. '무엇을 먹느냐'보다 중요한 것은, '누구와 함께

먹느냐'이다.

　아무리 산해진미, 진수성찬을 차려 놓았다 해도 부담스러운 사람과 함께 먹으면 오히려 체한다. 반대로 별 볼 일 없는 음식일지라도 사랑하는 사람과 먹으면 최고의 음식이 될 수 있다. 다합에 와서 한 가지 더 깨달은 것은 분위기도 중요하다는 것이다.

▲ 아름다운 바다를 바라보며 식사할 수 있는 홍해　ⓒ김환기

다합에서 세례

나는 카이로에서 한 학생을 만났다. 그는 다합에서 한국인에게 스쿠버 다이빙 훈련을 받았다. 나의 다음 목적지가 다합이라는 것을 알고, 다합에 사는 스쿠버 다이빙 강사에게 알렸다. 그는 신실한 크리스천이다. 내가 간다는 소식을 듣고 기뻐하며 기다리고 있었다.

도착한 다음 날 저녁 식사에 초대받았다. 부인이 정성스럽게 백숙을 준비했다. 여행 중 식사다운 식사를 해본 적이 언제였던가! 식사하며 그는 부인이 이단에서 세례를 받았기에 다시 정식으로 세례를 받고 싶다고 했다. 식사 후 성경공부를 하면서 세례에 대한 의미와 뜻을 설명해 주었다. 물세례는 성령세례의 외적 표현임을 설명하고 성령세례 없는 물세례는 형식에 불과하다고 말했다. 앞으로 이틀간 성경공부를 한 후에 세례문답에 통과하면 그때 '세례'를 주기로 약속했다.

첫날 사도행전 10장을 의지하여 '백부장 고넬료'가 하나님 말씀을 들을 때 성령을 받았고, 그 후에 베드로가 물세례를 준 사건을 설명했다. 다음날은 사도행전 11장에 비로소 안디옥에서 "그리스도인이라는 일컬음을 받게 되었다" 26절의 말씀을 의지하여, '그리스도인은 세상에 살고 있지만, 세상에 속한 사람이 아님'을 강조하였다. 모든 성경공부를 마치고 마지막 결단의 시간을 가졌다.

공부한 말씀을 의지하여 몇 가지 '세례문답'을 했다. 마지막 순간 그녀는 고민하며 "아직 세례받을 준비가 되어 있지 않아 다음에 받겠습니다"라고 했다. 나는 그녀의 의견을 존중하여 절대 권유하지 않았다.

이제 나는 '시내산'에 올라간다. 다합에서 밤 10시 버스를 타고 2시간 정도 가면 시내산 입구에 도착한다. 입구에 집결하여 자정부터 4시간가량 등반하면 모세가 십계명을 받았던 시내산 정상에 오르게 된다. 해가 뜨기 전에 도착해야 해돋이를 볼 수 있다. 시내산의 높이는 해발 2,286m나 된다. 벌써 걱정이 앞선다.

18. 시내산(Mt. Sinai)

다합에서 시내산 입구까지는 버스로 2시간 정도 걸린다. 내가 머무는 Seven Haven뿐 아니라 여러 숙소에서 모여 미니버스를 타고 출발했다. 가는 도중에 몇 번의 검문이 있었다. 여행할 때는 언제 어디서 무슨 일이 있을 줄 모르니, 언제나 '패스포트'를 가지고 다녀야 한다. 버스는 사막의 어둠을 뚫고 시내산을 향하여 질주하였다. 시내산 입구에 도착하니 자정이 조금 넘었다. 칠흑과 같은 암흑 속에서 랜턴에 의지하여 삼삼오오 무리를 지어 정상을 향해 출발했다.

시내산을 오르는 길은 두 코스가 있다. 한 코스는 완만한 경사로 낙타를 타고도 올라갈 수도 있어서 일명 '낙타길'이라고 한다. 다른 코스는 가파른 계곡을 따라 약 3천500여 개의 계단을 올라가는 길이다. 이 길은 주로 하산할 때 이용한다. 앞사람의 흔들리는 랜턴에 의지하여 낙타 길을 따라 등반하기도 쉽지만은 않았다. 밤하늘에는 아름다운 별빛이 쏟아지고 있었다.

18. 시내산(Mt. Sinai)

시내산(Mt. Sinai)

시내산 높이는 2,286m로 시내반도 남단 높은 산악지대에 있다. 아랍어로는 일명 "모세의 산"이라 하여 '게벨 무사'라고 한다. 이 산은 일찍부터 성스러운 산(Holy Mountain)으로서 '야훼의 산'으로 불렸다. 미디안 광야에서 양을 치던 모세가 이 산에 올라타지 않은 떨기나무 가운데서 들리는 야훼의 음성을 듣고 이스라엘 백성들을 구출해내고, 다시 이 산에 올라와 사십 일 사십 야를 지내며 하나님과 계약을 맺고 하나님으로부터 십계명을 받았다.

남쪽 유대에서는 이 산을 주로 '시내산'이라고 불렀고, 북쪽 이스라엘 사람들은 '호렙산'이라고 불렀다. 같은 산을 우리는 '백두산'이라 하지만, 중국에서는 '장백산'이라 하는 것과 같다. 열왕기 상 19장에 엘리야가 이세벨을 피해 40일 만에 호렙산에 이르렀다고 했다. 모세가 십계명을 받은 산이며, 엘리야가 세미한 소리 가운데 하나님의 음성을 들은 산이기도 하다.

▲ 시내산 정상에서 떠오르는 해를 기다리는 순례자들과 모세기념교회 ⓒ김환기

　　정상에는 모세가 40일 40야를 머물렀다는 '모세기념교회'가 있다. 교회 안에는 모세가 홍해를 가르는 장면, 모세가 하나님 앞에서 십계명을 받아 들고 있는 장면, 그리고 모세가 무릎을 꿇고 기도하는 성화가 있다. 어느새 '모세기념교회' 주변에는 그룹을 지어 감격의 예배를 드리고 있었다. 시내산 정상은 교단을 넘어, 교리를 넘어, 인종을 넘어, 국가를 넘어 하나님 안에서 하나 되는 장소였다.

18. 시내산(Mt. Sinai)

성 캐서린 수도원(Monastery of St. Catherine)

　시내산 입구에 있는 캐서린 수도원은 시내산을 찾는 순례자들이 반드시 찾는 곳이다. '콘스탄틴' 황제의 어머니 '헬레나'가 이곳에 와서 모세가 불타는 떨기나무를 목격한 장소라는 근거로 이곳의 이름을 '떨기나무 교회'라 불렀다. 로마제국 시대 때 기독교가 박해받던 시기에 독실한 기독교인으로서 예수를 섬기던 지성과 미모를 갖추고 있던 캐서린이라는 소녀가 황제로부터 개종을 권유받았으나 굴하지 않고 믿음을 지켜 끝내 순교한 일이 있었다. 그 후 수도원은 그 소녀의 이름을 따서 '성 캐서린 수도원'이라고 불리게 되었다.

　이 수도원은 4세기에 수도사들에 의해서 처음 건립된 뒤 비잔틴 시대 '유스티니아누스' 황제의 명령으로 AD 527년부터 565년 사이에 '베두인족'의 공격을 받지 않도록 건축하여 외형이 요새처럼 보인다. 1,500년의 세월이 지났어도 그대로 남아 있어, 완공된 뒤로 수많은 순례자가 찾은 곳이다.

　11세기 이슬람 시대에도 종교적 균형을 유지했으며, 나폴레옹 또한 이 수도원을 보호하여 보수 작업을 명령하기도 하였다. 이 성 캐서린 수도원은 현재 그리스 정교회 소속이며, 비잔틴 시대의 수도원 건물을 가운데 두고 성벽으로 둘러싸여 있다.

이곳이 세계적으로 유명해진 두 가지 이유가 있다. 첫째는 세계적으로 희귀한 성경 사본들이 소장되어 있고, 다른 하나는 출애굽기 3장 모세가 불타고 있는 떨기나무 앞에서 소명을 받은 장소이기 때문이다.

▲ 성 캐서린 수도원 ⓒ김환기

시내산 사본(Codex Sinaiticus)

시내산 사본(Codex Sinaiticus)은 4세기경에 희랍어로 쓰였으며 신약 사본 중에 가장 오래된 사본이다. 1844년 독일 신학자 '티센돌프'가 처음 캐서린 수도원을 방문했을 때 우연히 발견하여 그중의 43매를 얻었다. 그 후 1859년 다시 방문했을 때 그는 시내산 사본을 연구할 목적으로 빌려 갔다. 하지만 '틴센돌프'는 사본을 돌려주지 않고 당시 동방 정교회의 보호자였던 러시아 황제에게 기증했다.

러시아가 공산화되면서 재정난에 어려움을 겪던 소련은 1933년 이 사본을 10만 파운드에 영국에 팔았다. 그래서 시내산 사본은 캐서린 수도원이 아닌 영국 대영 박물관에 소장되어 있다.

시내산 사본에는 신약성서뿐 아니라 구약성서 일부도 포함됐다. 경전에서 제외된 구약외경 14권도 포함되어 있고, 신약 외경인 '바나바서신서'와 '허마 목자서'도 포함되어 있다. 19세기 초 이 시내산 사본이 발견되기 전까지 사복음서 가운데 가장 먼저 쓰인 성경은 마태복음으로 알려졌다.

그러나 이 시내산 사본에는 마가복음 가운데 예수 그리스도의 부활기사, 즉 16장 9-20절까지의 기록이 빠져 있다. 따라서 시내산 사본은 19세기 말 복음서의 격렬한 논쟁의 씨앗을 제공했고, 결국 마

가복음이 4복음서 가운데 최초로 기록되었다는 주장을 뒷받침하게 되었다.

떨기나무(Bush)

 성 캐서린 수도원은 내에는 출애굽기 3장에 모세가 보았던 떨기나무가 자라고 있다. 모세가 타오르던 불꽃에도 불구하고 타지 않았다는 잡목이 있던 곳에 예배당이 자리 잡고 있다. 이 떨기나무는 시나이 반도에서만 자라나는 특수한 종류로서 소중하게 보존되고 있다. 수도원 입구로 들어가면 관광객들이 제일 먼저 사진을 찍는 곳이다. 나의 기대와는 달리 나무는 너무 평범했다. 과연 이 나무가 그 나무인가? 의심하지 않을 수 없었다. 내가 보기에는 넝쿨과에 속한 여러 나무 중의 한 나무였다.

▲ 성 캐서린 수도원 내에 있는 떨기나무 ⓒ김환기

오래전에 '떨기나무'의 저자 김승학 박사가 시드니에서 강의를 했다. 그는 "우리가 알고 있는 시나이반도의 시내산이, 성서에서 말하는 시내산이 아니고, 진짜 시내산은 '사우디아라비아'에 있다"고 주장했다. 구체적으로 당시의 지정학적 상황과 유물 등을 통하여 설명했다. 나는 오래전 TV에서 영국 고고학자들이 같은 주장을 하는 다큐멘터리를 보았다. 그들은 자신들이 주장하는 시내산 근처까지 갔으나, '사우디아라비아' 정부의 반대로 올라갈 수가 없었다. 지금도 여전히 그곳은 입산 금지 지역이다. 유대인과 기독교의 성지가 메카가 있는 무슬림 국가에 있다는 주장 자체를 용납할 수 없을 것 같다.

하지만 과연 이것이 사실일까? 그럴 수도 있다. 하지만 사실과 진실은 조금 다르다. 사실이 객관적인 사건이라면, 진실은 그 사건을 바라보는 주관적인 믿음이다. 혹시 이 땅에는 사실이 아닌 진실만이 존재하는 것은 아닐까?

18. 시내산(Mt. Sinai)

19. 페트라(Petra)

　모세는 '시내산'에서 십계명을 받았고, 나는 천사에게 '페트라'로 가라는 지시를 받았다. 다합에서 시내산으로 가는 길에 몇 번의 검문이 있었다. 총을 멘 이집트 군인이 버스 안으로 올라와 신분을 확인하였다. 버스 안에는 나 말고 한국인이 한 명 더 타고 있었다. 이야기 중에 그녀가 전도사라는 사실을 알게 되었다.

　그녀는 베트남 한인 교회의 초청을 받아 사이공에서 수년간 사역했다. 베트남 사역을 마치고 다음 사역지로 가기 전, 시간을 내어 성지순례를 하는 도중이었다. 배낭을 멘 그녀는 나와 정반대의 코스를 밟고 있었다. 그녀는 이스라엘 순례를 마치고 요르단을 거쳐 시내산까지 왔다. 다음 목적지가 이스라엘이라는 것을 알고, 요르단의 '페트라'를 꼭 들렀다 가라고 했다.

　그녀는 며칠 전에 갔다 온 페트라의 이야기를 너무 재미있게 들려주었다. 페트라를 방문하지 않으면 평생 두고두고 후회할 것 같았다. 그리스에서 아무 생각 없이 이집트행 비행기를 탔던 것처럼, 천사의 간

곡한(?) 권유에 힘입어 이스라엘에서 요르단으로 방향키를 돌렸다.

▲ 페트라 입구 ⓒ김환기

요르단(Jordan)

20세기 초까지 요르단은 팔레스타인 일부였다. 이곳을 1차 대전에는 오스만 제국이 지배하고 있었다. 오스만 제국이 1차 대전 이후 무

19. 페트라(Petra)

175

너지면서 영국이 팔레스타인 지역을 지배하였다.

  1923년 영국은 요르단강 동안 지역을 서안의 팔레스타인과 분리, 위임 통치국 '트란스 요르단'으로 정하고 후세인의 둘째 아들 압둘라를 왕으로 세웠다. 압둘라는 영국의 보호를 받으면서 유명한 아랍 군단(軍團)을 설립하여 왕권을 확립하였으며, 영국과 협정을 거듭하여 단계적으로 자치권을 확대, 1945년 아랍연맹에 가맹하고, 1946년 5월 '트란스 요르단 하심왕국'으로서 완전한 독립을 달성하였다.

  1948년의 팔레스타인 전쟁에서는 이스라엘과 싸워, 다른 아랍 국가의 반대를 물리치고 요르단강 서안의 팔레스타인 일부를 병합, 1949년에 국명을 '요르단 하심 왕국'으로 고쳤다. 그러나 이스라엘이 1948년 독립을 하고, 1967년 6일 전쟁으로 인하여 이스라엘이 강 서안과 예루살렘의 반을 빼앗기게 되었다.

  그 후 요단강과 사해를 둘러싼 국경 분쟁은 1994년 10월 경제 장벽을 없애고 안전과 수자원을 공유하는 평화협정에 서명함으로 평화가 찾아오게 되었다. 1979년 이스라엘이 이집트가 평화 조약을 맺은 후 아랍 국가로서 처음 있는 일이다.

▲ 요르단 국기와 멀리 대신전이 보인다. ⓒ김환기

19. 페트라(Petra)

페트라(Petra)

'페트라'(Petra)를 가려면 '다합'(Dahab)에서 '타바'(Taba)항으로 가서, '아카바'(Agaba) 만을 건너 요르단의 '아카바'(Agaba) 항구에서 버스나 택시를 타고 '페트라'(Petra)로 가야 한다.

'타바'에서 검열 관계로 출발 시간이 2시간이나 지연되었다. 배 안의 요르단 이민관들이 입국 허가 도장을 찍어 주었다. 배 안에서 미국인 여행객과 일본인 청년을 만났다. 미국인은 카지노를 경영한다고 한다. 일본 청년은 온몸이 문신으로 새겨 있었다. 우리는 '페트라'까지 택시를 타기로 했다. 세 사람이 나누어 내면 버스값과 큰 차이가 없었다. '아카바 항구'에서 페트라까지는 약 2시간 걸렸다. 요르단에 와서 놀란 것은 엄청난 물가이다. 요르단의 1 JD(Jordan Dollar)가 미화 1.3 정도 된다. 페트라에서 우리는 헤어졌다. 돈 많고 잘 생기고 키 큰 미국 친구는 호텔로 가고, 나는 돈 없고 못생긴 일본 청년과 배낭여행객들이 즐겨 찾는 '발렌타인 인'(Valentine Inn)으로 갔다.

페트라는 지역이 방대하여 2박 3일 지내야만 다 볼 수 있다. 하루에 끝낼 욕심으로 새벽같이 일본 친구와 함께 집을 나섰다. 벌써 표 파는 곳에는 많은 관광객이 서성이고 있었다. '시크'라고 불리는 거대한 바위 협곡을 통과하면 바위를 깎아서 만든 너비 30m, 높이 43m의 '알 카즈네'가 기다리고 있다.

'알 카즈네'는 '보물창고'란 뜻으로 페트라에서 가장 완벽하고 아름답게 보존된 건물이다. 하지만 '보물창고' 안에는 '보물'이 없었다. 비엔나에 가면 '비엔나 커피'가 없고, 이태리 가면 '이태리 타올'이 없고, 붕어빵에는 '붕어'가 없는 것과 같다. 페트라는 '나바테아인'이 건설한 바위 도시이다. 나바테아인은 BC 7세기부터 BC 2세기경까지 시리아와 아라비아반도 등지에서 활약한 아랍계 유목민을 말하는데, 이들은 사막 한가운데에 있는 붉은 사암 덩어리로 이루어진 거대한 바위 틈새에 도시를 건설하여 살았다.

페트라는 이집트, 아라비아, 페니키아 등의 교차 지점에 있어 선사시대부터 사막의 대상로를 지배하여 번영을 누렸던 무역의 도시였다. 협소한 통로와 협곡으로 둘러싸인 바위산을 깎아 조성된 페트라의 건물들은 대부분 암벽을 파서 만들었다.

이곳은 기원전 1400~1200년경 '에돔과 모압'의 접경지에 자리였으며, 구약에서는 '에돔의 셀라'라고 지칭하고 있다(왕하 14:7, 사 16:1, 42:11). 셀라는 히브리어로 바위이고 페트라는 헬라어로 바위라는 뜻이다.

▲ 알 카즈네 ⓒ김환기

신약에서 반석을 뜻하는 베드로(Peter)의 이름은 헬라어 '페트라'에서 온 것이다. 마태복음 16장에 예수께서 "너희는 나를 누구라고 하느냐"라고 질문하자, 베드로는 16절에 "주는 그리스도시요 살아계신 하나님의 아들입니다."라고 고백했다. 주님은 기뻐하며 18절에 "내가 네게 이르노니 너는 베드로라 내가 이 반석 위에 내 교회를 세우리니 음부의 권세가 이기지 못하리라" 말씀하셨다.

이 말씀을 가톨릭에서는 교회를 베드로 위에 세우겠다는 말로 해석하고 있다. 그래서 베드로가 최초의 교황이 된 곳이다. 그러나 헬라어로 베드로는 Petro로서 남성이고, 바위인 Petra는 여성이다. 설마 주께서 여성과 남성을 혼동하여 쓰셨겠는가! 주께서 교회를 베드로 위가 아니라, 그의 신앙고백 위에 세우신다는 뜻이다. 교회는 바로 이 고백을 하는 사람들이 모인 '신앙 공동체'이다.

바윗길을 지나고, 바위산을 넘어 페트라에서 '알카즈네' 다음으로 유명한 '대 신전'을 볼 수 있었다. 이곳에서 아론의 무덤이 있는 '호르산'이 보인다. 현지 지명으로는 '아론의 산'이라는 의미의 '자발 하룬'이라 불린다. 아론을 이슬람의 경전인 코란에서는 '하룬'으로 부른다. 산꼭대기의 아론 무덤에는 비잔틴 시대에는 돔형의 건물과 '오벨리스크'가 있었으나, 현재는 모스크 건물만 남아 있다.

'페트라'에서 수도인 '암만'까지 버스를 타고, 암만에서 국경까지는

19. 페트라(Petra)

택시를 타고 가야 한다. 새벽 일찍 일어나 숙소를 출발한 지 5분 정도 되었을까! 불현듯 '여행노트'를 숙소에 놓고 왔다는 것을 알게 되었다. 버스 기사에게 말을 했지만, 개인적인 사정이라 버스를 돌릴 수 없다고 한다. 지금까지의 여행 기록이 한순간에 날아가 버렸다. 어젯밤 글을 쓰고 침대 옆에 놓고 잤다. 새벽 일찍 출발하느라 미처 노트를 챙기지 못했다. 도대체 이 일을 어찌해야 하는가! 내려서 다음 버스를 타고 싶었지만 그럴 수가 없었다. 만약 그렇게 되면 모든 일정에 차질이 생기기 때문이다.

 무슬림 국가인 요르단의 성일은 금요일, 이스라엘의 성일은 토요일이다. 내가 차를 탄 시간은 금요일 새벽이다. 금요일 오후에는 요르단이 국경을 차단하고, 토요일에는 이스라엘이 국경을 차단한다. 만약 시간 내에 국경을 넘지 못하면 나는 요르단에서 이틀을 더 머물러야만 한다. 나는 어쩔 수 없이 눈물을 머금고 여행 노트를 포기해야만 했다. 요르단 국경에 도착하니 11시 30분이었다. 안내 책자에는 요르단 국경 검문소는 2시에 닫는다고 적혀 있었다. 그런데 입구 안내 표지판을 보니 12시에 문을 닫는 것이 아닌가! 정말 아슬아슬하게 요르단 국경 검문소를 통과하여 '킹 후세인'(King Hussein) 다리를 건널 수 있었다. 할렐루야...

20. 예루살렘(Jerusalem)

요르단에서 이스라엘 국경으로 가는 길목에 '예수의 세례터'라는 푯말이 있었다. 전통적으로 예수께서 세례받은 곳은 갈릴리 호수 근저의 요단강이라고 알려져 있다. 요한복음 1장 28절에는 세례요한이 세례를 주던 장소에 대해 다음과 같이 기록하고 있다.

"이 일은 요한이 세례를 주던 곳으로 요단강 건너편 베다니에서 된 일이니라." 말씀을 의지하면 예수께서 세례받은 곳은 갈릴리(Galilee)가 아닌 베다니(Bethany) 근처가 분명하다. 하지만 이 문제를 놓고 요르단과 이스라엘은 아직도 첨예하게 대립하고 있다. 특별한 증거나 증인이 없을 때는 목소리 크고 힘센 놈이 이긴다. 그래서 아직도 '베다니'보다는 '갈릴리'로 순례의 물결이 계속 이어지고 있다.

▲ 감람산에서 바라본 예루살렘 구 도시 전경. ⓒ김환기

택시를 타고 요르단 국경에 도착했다. 요르단에서 이스라엘로 가려면 '킹 후세인 다리'(King Hussein Bridge)를 건너야 한다. 출국은 별다른 조사 없이 쉽게 통과했지만, 입국 검문소는 긴장감이 감돌았다. 겨우 짐을 통과시키고 입국 심사를 받기 위해 기다리고 있었다. 대기실에서 두 청년을 만났다. 목적지가 같음을 확인하고 택시를 합승하여 예루살렘으로 가기로 했다. 나와 네덜란드에서 온 친구는 아무런 문제 없이 심사대를 통과했으나 뉴질랜드에서 온 친구에게 문제가 생겼다.

그는 이곳에 오기 전에 시리아를 들렀다. 이스라엘은 영토문제로 시리아와 아주 민감한 상태여서 국적을 불문하고 시리아를 거쳐 온 사람에게는 비자를 잘 주지 않는다. 이민관은 그에게 몇 장의 서류를 건네주며 적어 오라고 했다. 우리는 밖에서 30분 이상 기다렸으나 나오지 않아 버스를 타고 예루살렘으로 향했다.

예루살렘(Jerusalem)

예루살렘은 어원적으로 '평화의 도시'를 뜻한다. 하지만 이름과는 반대로 3천 년 전 다윗 왕국의 수도로 세워진 이래, 수많은 침략자에 의해 다스리는 자들이 바뀌고 주민들은 쫓겨나는 험난한 역사로 점철되어 있다.

서기 70년 로마의 침략으로 나라를 빼앗기고 '디아스포라'가 되어 세계를 방황하던 유대인들은 드디어 1948년 꿈에도 그리던 나라를 되찾게 된다. 제2차 세계대전이 끝난 후인 1947년 11월 29일 유엔 총회에서 영국의 위임통치를 받고 있던 팔레스타인 땅의 약 56%를 유대인의 국가에 주는 팔레스타인 분할을 결의했다. 아랍권이 이를 거부했지만, 유대인들은 1948년 5월 14일 전격적으로 이스라엘 건국을 선포했다.

건국 당시 예루살렘은 유엔 통치하에 두었다. 이스라엘의 독립 선포에 불만을 품은 이집트, 요르단, 시리아, 레바논, 이라크로 구성된 아랍 연합군은 독립이 선포된 지 하루도 지나지 않아 이스라엘을 침공하면서, 끝이 보이지 않는 분쟁의 서막을 올렸다.

▲ 예수의 수난과 죽음을 묵상하는 '십자가의 길' ©김환기

1차 중동전쟁의 결과로 예루살렘은 '동예루살렘과 서예루살렘'으로 분할되었다. '서예루살렘'은 이스라엘, '예루살렘 성'이 있는 '동예루살렘'은 요르단의 땅이 되었다. 하지만 우리에게 6일 전쟁으로 알려진 제3차 중동전쟁 때, 이스라엘은 선제공격으로 '동예루살렘'은 말할 것도 없이 '팔레스타인 전역'을 장악하게 된다.

예루살렘의 구도시(Old City)

현재 예루살렘은 '구도시와 신도시'로 나누어져 있다. 신도시(New City)는 불과 150여 년 전부터 발전되기 시작하였다. 150여 년이 지난 지금은 신도시가 구도시의 100배가 넘는 신시가지로 발달하였다. 구도시(Old City)는 1km²에 불과한 성안의 도시이다. 이곳은 세계 3대 종교의 성지이다. 유대교는 아브라함이 이삭을 드렸던 모리아 산, 솔로몬의 성전이 있었던 곳. 기독교는 예수가 고난받고 십자가에 못 박혀 돌아가셨던 곳. 이슬람교는 무함마드가 승천한 곳. 예루살렘은 그 어느 종교도 양보할 수 없는 성지가 되어 지금도 세계인의 이목을 집중시키고 있다.

나는 '비아돌로로사'(Via Dolorosa)의 길을 '동방정교회 교인'들과 함께 걸었다. 비아돌로로사란 예수 그리스도가 십자가를 지고 가신 '고난의 길, 십자가의 길'이다. 예수께서 빌라도에게 재판받은 곳에서부터 십자가에 못 박혀 돌아가시고 묻힌 곳까지의 약 1km 정도 거리이다. 이곳은 14개 처소로 구분되어 있다.

이 중 5개 처소는 '성분묘교회'(Church of the Holy Sepulchre) 내에 있고, 나머지는 도로변에 있다. '구레네 시몬'이 예수의 십자가를 대신 지고 간 5 처소가 무척 인상적이었다. '십자가의 길'의 끝인 14번째 처소는 무덤이다. 무덤에 이르러 "왜 이 길이 무덤에서 끝나야 하는가"

란 질문을 던질 수밖에 없었다.

만약 '십자가'가 '부활'로 이어지지 않는다면 도대체 무슨 의미가 있는 것인가? 오래전 '예수의 수난'에 관한 영화를 보았을 때, 부활 없이 십자가의 고난으로 막을 내려 진한 아쉬움을 품고 극장 문을 나온 적이 있었다. 부활 없는 십자가는 '반쪽의 완성'이다. 십자가는 반드시 부활로 이어져야 한다.

예루살렘 신도시(New City)

나는 '십자가의 길'을 마치고, '신도시'로 자리를 옮겼다. 이상하게도 '신도시'는 텅 비어 있었다. 대로의 가로등도 꺼져 있었다. 마치 도시 속의 사막을 걷는 기분이었다. 마침 길가 벤치에서 책을 읽고 있는 학생을 발견했다.

"도대체 무슨 날인데 상점 문은 닫고, 심지어 가로등까지 꺼졌니?"

"오늘은 '욤 하 카페림'이에요."

오늘이 유대인의 대속죄일(The Day of Atonement)이다. 조금 전 구도시에서 '비아돌로로사의 길'을 걸으며 인류의 죄를 대속하신 예수의 고난을 묵상했는데, 신도시에서 '대속죄일'을 맞게 될 줄이야!

대 속죄일은 히브리어로는 '욤 하 카페림'이라고 부른다. '욤'이라는 말은 '날'(day) 이라는 뜻이고, '하'는 정관사(the)이며, '카페림'은 '카팔'(죄를 덮다, 용서한다)는 말과 복수어미 '임'이 합쳐서 된 말이다. 그러므로 '욤 하 카페림'은 '죄를 덮는 날'이라고 번역할 수 있다. 유대인들은 '대속죄일'이 되면 토라를 읽으며 금식하며 기도하는 일 이외에는 아무것두 하지 않는다.

학생과 이야기를 하던 중 이스라엘에서 가장 큰 회당(Synagogue)이 가까운 곳에 있다는 것을 알게 되었다. 10여 분 걸어 '예루살렘 큰 회당'(The Jerusalem Great Synagogue)에 도착했다. 입구에는 경비가 서 있었다. 그는 내 소지품을 검사했다. 나는 내부에서 사진을 찍지 않겠다는 약속을 하고 나서야 들어갈 수 있었다.

20. 예루살렘(Jerusalem)

▲ 예루살렘 큰 회당 ⓒ김환기

하얀 옷을 입고 '키파'(Kipa)를 쓴 유대인들이 예배를 드리고 있었다. 성가대는 회중을 향하지 않고, '토라'가 안치된 성소를 향하여 찬양하고 있었다. 유대인의 찬양은 대부분 시편에 곡조를 붙인 노래이다.

오래전 '종교 간의 대화'를 위하여 시드니에 있는 '임마누엘 회당'에 갔었다. 예배가 시작되자 '랍비'는 회중을 향하지 않고, 성소를 향하여 먼저 예식을 치르는 것을 보았다. 그때 나는 하나님이 기뻐하는 예배는 '예배 인도자'가 먼저 '예배자'가 되어야 한다는 생각을 했고, 오늘 '예루살렘 큰 회당'에서 찬양은 '사람 앞'에서 하는 것이 아니라, '하나님'께 올려 드리는 것임을 깨닫게 되었다.

 지금 유대인들이 예배드리는 곳은 '성전'(Temple)이 아닌 '회당'(Synagogue)이다. 로마에 의해 '2 성전'이 무너진 후 아직 성전이 없다. 그들은 '3 성전'을 건축할 그날을 손꼽아 기다리고 있다. 그때 그늘은 '메시아'(Messiah)가 올 것이라 믿고 있다. 이제 본격적으로 예루살렘 성전의 역사와 비밀에 대하여 알아보려고 한다.

21. 예루살렘 성전(Temples in Jerusalem)

감람산(Mount of Olives)에서 예루살렘 구도시(Old City)를 보면 성전은 간데없고 '바위사원'이라 불리는 '오마르 모스크'만 찬란한 황금빛을 발하고 있다. 그날 예루살렘을 향하여 손을 들어 축복하며 찬양과 기쁨의 춤을 하나님께 올려 드리는 무리가 있었다. 그들의 찬양 속에 거하는 예루살렘을 향한 하나님의 마음이 무엇인지 조금은 이해할 수 있을 것 같았다.

성서의 중심지인 예루살렘은 세 차례에 걸친 성전 건축과 파괴의 아픈 역사를 지니고 있다. 모세가 '시내산'에서 '십계명'이 적힌 돌판을 받을 때 하나님은 그에게 하늘에 있는 '성막'(Tabernacle)을 보여주었다. 시내산에서 내려온 모세는 하나님의 말씀에 순종하여 광야 생활에 필요한 '이동식 성전'인 '성막'을 지었다.

'지성소'(The Most Holy Place)에 '법궤'(Ark of Covenant)를 안치했다. 법궤 안에는 '돌판 십계명, 싹 난 지팡이, 만나 항아리'가 있었다(히 9:4). 법궤는 하나님이 임재하는 자리로, 하나님은 사람을 만나실 때

법궤에서 만나 주셨다(출 25:21-22). 모세는 모든 계시를 법궤에서 받았다(출 25:22). 백성들이 가나안 땅에 정착하게 되면서, 성막이 아닌 성전(Temple)의 필요성을 느끼게 되었다. 성전은 성막(Tabernacle)의 발전된 형태다.

예루살렘에는 성전이 세 번에 걸쳐 세워졌다. '솔로몬 성전'(BC.959; 왕상6:1-38), '스룹바벨 성전'(BC 516; 스6:15-18), 그리고 신약시대의 '헤롯 성전'(BC 20-AD 63)이다. 이스라엘의 역사는 성전과 운명을 같이 하고 있다. 성전이 파괴되는 때가 곧 나라가 멸망하는 때이다.

▲ 감람산에서 예루살렘 구도시를 바라보면 '오마르 모스크'만 찬란한 황금빛을 발하고 있다. ⓒ김환기

21. 예루살렘 성전(Temples in Jerusalem)

제1성전 - 솔로몬 성전

통일 왕국의 왕으로 등극한 다윗은 수도를 헤브론(Hebron)에서 예루살렘으로 옮겼다. 예루살렘은 정치, 경제, 군사의 중심이었지만 부족한 게 한 가지 있었다. 전쟁으로 인해 흩어진 12지파의 마음을 하나로 묶을 '법궤'(Ark of Covenant)가 없었다.

다윗은 '기럇여아림'에 있는 법궤를 예루살렘으로 옮기는 작업을 시작했다(수 15:9, 대상 13:5-6). 하나님의 궤는 하나님의 통치를 뜻하는 것으로, 다윗은 법궤를 예루살렘으로 옮겨 하나님이 통치하시는 나라를 소망했다. 뜻은 좋았지만, 법궤를 옮겨오는 방식에 문제가 있었다. 법궤를 옮길 때 레위지파의 고핫 자손이 직접 메어 옮겨야 했다(민 4:15, 7:9).

그런데 블레셋 사람처럼 소가 끄는 수레로 이동하다가 웃사가 죽는 사건이 발생했다. 그래서 법궤는 '오벧에돔'의 집에 3개월간 머물게 된다. 오벧에돔의 집에 축복이 임하자, 다윗은 다시 법궤를 이동할 것을 명령했다. 드디어 법궤가 예루살렘으로 입성하자 다윗은 너무 기뻐 덩실덩실 춤을 추었다.

다윗은 법궤를 안치할 성전을 건축하려 했으나, 하나님은 피를 많이 흘린 다윗의 손을 통해 성전이 건축되기를 허락하지 않으셨다.

성전은 아들인 솔로몬에 의해 건축된다. 솔로몬 성전의 총 공사기간 7년 6개월 만인 BC 959년에 성전이 준공되었다(왕상 6:1-38).

성전이 준공된 지 373년 만인 BC 586년에 바벨론의 느부갓네살의 제3차 침공 때 남 왕국 유다의 멸망과 함께 완전히 훼파되었고, 성전의 금, 은, 놋기명과 보물들은 모두 바벨론으로 옮겨졌다.

▲ The Dome of the Rock(오마르 모스크) ⓒ김환기

21. 예루살렘 성전(Temples in Jerusalem)

제2 성전 – 스룹바벨 성전

바벨론을 점령한 페르시아의 왕 '고레스'는 포로들은 모두 본국으로 귀환하라는 칙령을 발포했다. 이른바 '고레스 칙령'이다(BC 538). 1차 귀환은 총독이었던 '스룹바벨', 2차 귀환은 학자이자 제사장인 '에스라', 3차 귀환은 '느헤미야'의 영도 하에 이루어졌다. '스룹바벨'은 무너진 성전을 재건하였고, 에스라는 무너진 백성들의 마음을 회복시켰고, 느헤미야는 무너진 성벽을 중수하였다. 마침내 제2 성전인 '스룹바벨 성전'은 BC 516년경에 준공되었다.

멜본에 있는 구세군 시설을 견학할 기회가 있었다. 멜본 시내 한복판에 '614 구세군교회'가 있다. 이 교회는 이사야 61장 4절의 말씀을 의지하여 '전인구원'에 초점을 맞추어 지역사회를 섬기는 3R 운동을 펼치고 있다. 3R이란 이사야 61장 4절 말씀을 의지하고 있다. "그들은 오래 황폐하였던 곳을 '다시 쌓을 것이며'(Rebuild), 예로부터 무너진 곳을 '다시 일으킬'(Restore) 것이며, 황폐한 성읍 곧 대대로 무너져 있던 것들을 '중수할'(Renew) 것이며."

내가 방문한 때는 점심시간이었다. 300여 명이 넘는 '거리의 사람'들이 교회에서 함께 식사하고 있었다. 어제까지 거룩했던 '교회'가, 오늘은 '소외된 자'와 함께 음식을 나누는 커다란 '식당'으로 탈바꿈한 것이다. 지금도 614 교회는 '교회를 위한 교회'가 아니라 '세상을 위한 교회'로 3R의 Vision을 품고 선한 싸움을 싸우고 있다. 마치 귀환한 지도자들이 민족을 품에 안고 '성전을 재건하고, 무너진 마음을 회복시키고, 무너진 성벽을 중수'했던 것처럼....

▲ The Dome of Lock(오마르 모스크) 앞에서 필자(오른쪽) ⓒ김환기

21. 예루살렘 성전(Temples in Jerusalem)

헤롯 성전(Herod's Temple)

　이방인 '이두매'(Idumea) 출신인 헤롯왕은 유대인에 대한 '유화정책'으로 '제2 성전'을 확장 건설하였다. 옛 성전 터전 위에 BC 20년에 착공하여 외형은 9년 만에 완성되었으나 세부공사는 AD 63년경에야 비로소 완성되었다. 근 80년이 넘게 걸려 세워진 이 헤롯 성전은 완공된 지 불과 수년 후인 AD 70년에 로마군에 의해 돌 위에 돌 하나 남지 않고 완전히 파괴되고 말았다.

　성전에 있던 금들이 화재로 녹아 돌 사이에 스며들었고, 로마 군인들이 이 금을 찾기 위해 모든 돌을 다 헤쳐 버려 돌 위에 돌이 하나도 남지 않았다. 하지만 헤롯 당시 성전의 바깥벽 중 일부 약 450m 정도가 아직도 남아 있는데, 이를 '통곡의 벽'(The Wailing Wall)이라고 부른다.

　이는 유대인이 이곳에 와서 성전이 파괴된 것과 나라를 잃은 자신들의 처지를 슬퍼하여 통곡하였기 때문에 붙여진 이름이라고 한다. 이곳 '통곡의 벽'은 유대인들이 기도하는 거룩한 장소이다. 오스만 시대부터 이스라엘은 물론 전 세계에 흩어진 유대인들이 이곳에 순례차 와서 소원이 적힌 쪽지를 벽의 돌 틈새에 끼워 가며 기도를 하고 있다. 지금 유대인들은 제3 성전을 준비하고 있다. 이들은 제3 성전이 완성되는 날에 '메시아'가 올 것이라고 기대하고 있다. 하지만 '법궤' 없는 성전이 聖展일 수 있겠는가? '법궤' 대신 메시아가 직접 오신다는 것일까?

다음에는 유대인의 한이 서려 있는 '통곡의 벽'과 예루살렘 '8개 성문'에 대해 이야기하려고 한다.

사도행전 3장에 '베드로와 요한'이 앉은뱅이를 일으켰던 미문은 굳게 닫혀 있다. 동쪽에 있다고 해서 '동문', 아름답다고 해서 '미문'(美門)이라 불리는 '황금 문'은 '메시아'가 올 때 열릴 것이라 한다.

21. 예루살렘 성전(Temples in Jerusalem)

22. 예루살렘 성문과 통곡의 벽

예루살렘은 지정학적인 위치 때문에 강력한 제국이 등장할 때마다 역사의 소용돌이에 휘말리게 된다. 기독교의 성지였던 예루살렘은 1516년 12월 말에 '오스만투르크제국'의 '셀렘 1세'가 시리아에 있는 '맘루크왕조'의 세력을 꺾고 지배한다. 현존하는 성벽은 투르크령이 되고 '쉴레이만 1세'가 축조한 것이다.

예루살렘 구도시는 8개의 성문(욥바문, 새문, 다메섹문, 헤롯문, 스데반문, 황금문, 분문, 시온문)이 있고, 20m 높이와 4,018m의 위용 어린 성벽에 둘러싸여 있다. 성안에는 기독교 성지인 '성분묘 교회'(Church of the Holy Sepulchre), 유대교 성지인 '통곡의 벽'(Wailing Wall), 이슬람교 성지인 황금돔(Dome of Rock)이 사이 좋게 공존하고 있다.

▲ 유대교 최고 성지인 '통곡의 벽'을 배경으로 필자의 기념촬영. ⓒ김환기

황금문(Golden Gate)

▲ 황금문(Golden Gate) ⓒ김환기

감람산을 마주보고 있는 '황금문'은 성전산에 있는 황금사원 앞, 예루살렘 동쪽 성벽의 가운데에 자리 잡고 있다. "황금문"이라는 명칭은 예루살렘의 여러 성문 중에 가장 아름답게 꾸며져 있어서 붙여진 것으로 '미문'(美門, Beautiful Gate)으로도 불린다. 사도행전 3장에 베드로와 요한이 앉은뱅이를 일으킨 문이며, 예수그리스도가 종려주일에 입성한 문이기도 하다. 또한, 동쪽에 있어서 "동문(East Gate)"이라고도 한다. 유대인들은 마지막 날 메시아가 이곳을 통과할 것이라고 믿고 있다. 그런 믿음을 비웃기라도 하듯 '오스만 투르크' 정부는 아예 문을 봉쇄해 버렸다.

황금문은 두 개의 문으로 되어 있다. 유대인들도 심판의 날이 되면 착한 사람은 남쪽 문(자비의 문)을 통해 하늘나라에 들어갈 것이오, 악한 사람들은 북쪽 문(후회의 문)을 통해 지옥에 떨어질 것이라고 믿는다.

황금문은 많은 전설이 있다. 유대인들은 에스겔 44장 1~3절의 언급과 같이 메시아가 올 때 이 문이 열린다고 믿고 있다. 또한, 회교인들도 마지막 심판의 날이 이곳에서 일어날 것이라고 믿고 있다. 따라서 마지막 날에는 이 황금문 가까이에 있는 무덤부터 죽었던 영혼이 다시 살아 부활한다고 믿고 있어서 누구나가 황금문 근처에 묻히기를 원한다. 현재 황금문 근처는 물론 건너편 감람산 기슭까지 묘지로 가득 차 있다.

다메섹 문(Damascus Gate)

  다메섹 문은 아랍지역 쪽에 있다. 이 문은 동쪽으로 헤롯문과 서쪽으로 새문 중앙에 있다. 다메섹이란 이름은 세겜을 거쳐 다메섹 도시로 가는 길이 이곳에서 시작되기 때문에 붙여진 것이고, 히브리어로는 세겜문, 아랍어로는 '바브 엘 아무드(원주기둥성문)'라고 부른다. 다메섹 문은 예루살렘 성문중에서 가장 크고 화려한 문이다.

  이 문은 헤롯 대왕이 세웠던 성문과 로마의 하드리아누스 황제가 세웠던 로마의 도시 성문의 폐허 위에 AD 1541년 오토만 제국의 슐레이만 대제가 예루살렘 성벽을 쌓은 후 건설한 아름답고 튼튼한 다목적 성문이다. 로마 시대에 다메섹 문을 중심으로 두 개의 길이 뻗어 나갔는데 그 하나가 성전 서쪽벽 앞으로 지나갔고 다른 하나는 시온문이 서쪽으로 좀 옮겨졌지만 시온문으로 통했다.

  도로를 건너면 해골 모양의 언덕이 나온다. 성서학자 중에서 이곳이 예수가 십자가에 못 박혀 돌아가신 '갈보리 언덕'이라고 주장하는 사람들이 있다. 전통적인 갈보리 언덕은 예루살렘 성안에 있다. "무슨 근거로 그런 주장을 합니까?" 호기심은 나를 잠잠하게 하지 못했다. 팀을 인도하는 사람은 나에게 세 가지 이유를 말했다.

  "첫째, 십자가형은 사람들에게 본보기를 보이기 위해 하는 공개 처형입니다. 되도록 많은 사람에게 보이기를 원했을 것입니다. 이곳은 당시에 다메섹으로 가는 길이었습니다. 많은 사람이 이곳을 지나다니게 되겠죠. 둘째, 2,000년이 지나도 지형은 변하지 않습니다. 갈보리란 해골이란 뜻인데, 모양이 해골 같지 않습니까? 마지막으로 당시 십자가 처형을 당한 사람들은 개인 무덤이 없이 한꺼번에 묻혔습니다. 이곳에 그런 매장지가 발견되었고, 근처에서 아리마데 요셉의 묘와 같은 곳을 발견하기도 했습니다."

욥바문(Jaffa Gate)

　욥바문은 성 서쪽에 있는 유일한 문이다. 이 문 이름이 붙여진 것은 이 문으로부터 지중해 연안 욥바 항구로 이어지는 길이 연결되기 때문이다. 아랍어로는 '바브 엘 카릴'(헤브론 문)이라고 하는데 '엘 카릴'은 '하나님의 친구'란 뜻이다. 따라서 하나님의 친구인 아브라함을 가리켜 '아브라함의 문'이라고도 한다.

　문 정면에는 '슐레이만 대제가 1538년 이 문을 세웠다'라고 아랍어로 쓰여 있고 그 밑에 최근의 문구로서 1970년에 보수를 마치고 나서 '예루살렘이 보수됨'(느 4:7)이라고 히브리어와 아랍어로 쓰여 있다.

▲ 다윗의 망대 ⓒ김환기

다윗의 망대

옆에 '다윗의 망대'가 있기에 '다윗 문'이라고도 한다. 다윗의 망대 안에서는 정규적으로 '빛의 축제'라는 공연을 한다. 야외 극장식으로 자리가 배치되어 자유롭게 앉을 수 있었다. 조용히 흐르는 음악이 끝나자 망대를 향하여 사방에서 빛들이 발사되기 시작했다.

울퉁불퉁한 망대 벽이 대형 화면이 되어 영화가 시작되었다. 3천여 년의 역사를 가진 예루살렘 성에 관한 이야기다. 예루살렘 제2 성전이 로마에 멸망되는 내용은 너무 처절하여 지금도 잊을 수 없다. 성안에서 성이 파괴되는 장면을 보고 있노라니 금방이라도 무슨 일이 일어날 것만 같았다.

사자문(Lion Gate)

성문 양쪽에 사자상을 놓았다고 해서 사자문(Lion Gate)이라고도 한다. 전설에 의하면 슐레이만 대제에 의해서 성문 양쪽에 한 쌍씩의 사자가 조각되었다고 한다. 어느 날 슐레이만 대제의 꿈에 4마리의 사자가 나타나서 대제를 삼켜버리려 했다고 한다. 꿈을 해몽한 사람에 의하면 슐레이만 대제가 거룩한 성을 허술하고 퇴락한 채로 남겨 두면 이 사자들에 의해 죽임을 당한다고 했다. 그래서 곧 성벽을 건축하고 이를 기념하여 꿈에 나타났던 사자들을 문 양쪽에 한 쌍씩을 조각해 놓았다는 것이다.

▲ 사자문 ⓒ김환기

　초대교회 스데반 집사의 이 문 앞에서 순교를 당해서 '스데반 문'(Stephan's Gate)라고 부른다. 또한, 성전의 제물로 사용될 모든 양이 이곳을 통과했기에 '양문'이라고 부르기도 한다. 마리아의 무덤이 이 근처에 있다고 해서 '마리아 성문'이라고 하기도 한다. 마리아 무덤은 기드론 골짜기에 있다. 아침임에도 불구하고 많은 참배객이 있었다. 참 이상하다. 나는 에베소에 갔을 때 마리아 생가를 방문했다. 마리아는 분명 에베소에 사시다 돌아가신 것으로 되어 있는데, 예루살렘에 마리아의 무덤이 있으니 이상하지 않은가!

통곡의 벽(Wailing Wall)

▲ 통곡의 벽 ⓒ김환기

통곡의 벽은 유대교 최대의 성지이다. 원래 이 벽 이름은 예루살렘 성의 서쪽에 위치하여 '서쪽 벽'(Western Wall)이라고 했다. 최고 14m 의 길이와 400t이나 되는 돌을 비롯하여 평균 1~3t의 돌을 이용하여 쌓은 높이 16m의 이 성벽은 헤롯 대왕 때의 것으로 그가 왕위에 오른 이후 건축이 시작되어 60여 년에 걸려 지은 것이다. 로마의 티토(Tito) 장군은 주 후 70년에 성전을 파괴한 후 모든 성벽을 파괴하였으나 서쪽 벽만은 남겼다. 이 벽을 남기어 후세에 로마군의 위력을 과시하려 했다고 한다. 나라를 잃은 유대인들이 이곳에 와서 성전이 폐허 되고 민족은 흩어짐에 통곡하며 기도하였기에 이 벽을 '통곡의 벽'(Wailing Wall)이라고 부르게 되었다.

통곡의 벽은 두 지역으로 나뉘어 있다. 북쪽은 남자들이 기도하는 곳, 남쪽은 여자들이 기도하는 곳이다. 나는 이 사실을 모르고 남쪽 입구로 들어가려다가 안내하는 여인에게 제지당했다.

통곡의 벽을 가려면 남자들은 반드시 '키파'(Kipa)라는 '작은 모자'를 써야 한다. 꼭 키파가 아니더라도 머리를 가릴 수 있는 것이면 상관없다. 나는 모자를 썼기에 그냥 통과했다. 유대인들은 왜 키파를 쓰는 것일까? 통곡의 벽 입구에 서 있는 유대인에게 물었다.

"키파는 왜 써야 합니까?" 그는 상냥한 미소를 지으며 이렇게 대답했다. "머리 위에 하나님의 임재(Divine presence)를 인식하고, 그를 두려워(fear of God) 하는 것입니다.

23. 예루살렘의 4개 지역

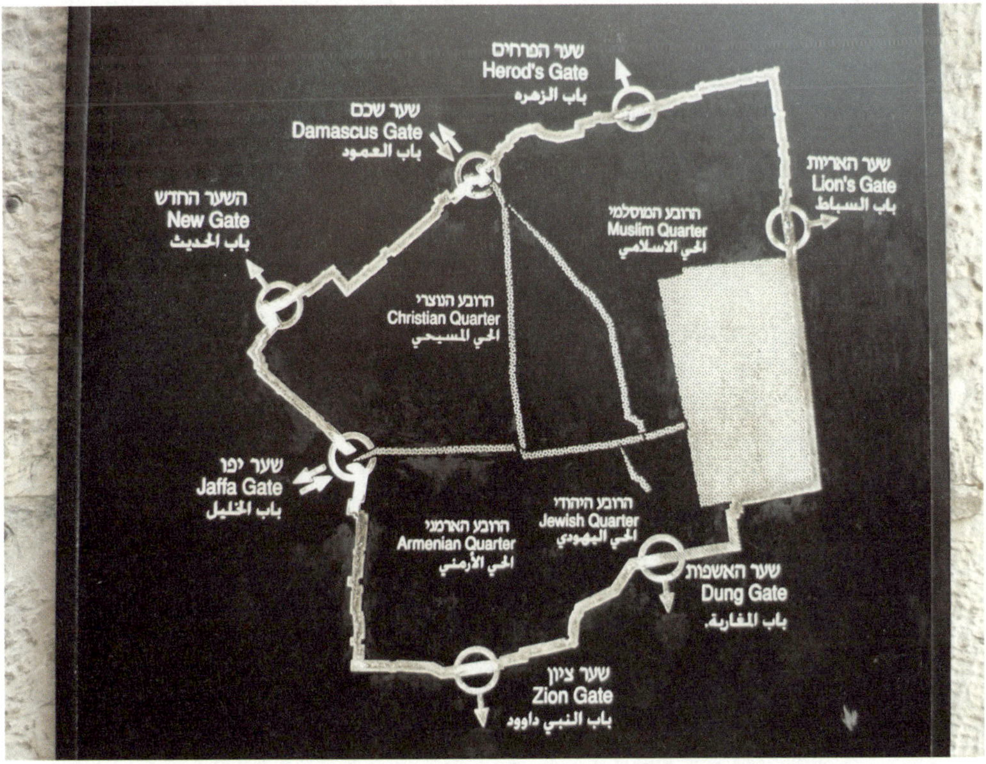

▲ 예루살렘 4개 지역 지도. 구 예루살렘은 성벽으로 둘러싸여 4개 지역으로 구분되어 있다. ⓒ김환기

구 예루살렘은 성벽으로 둘러싸여 '아르메니아 지역', '유대인 지역', '기독교 지역' 그리고 '무슬림 지역' 등 4개 지역으로 구분되어 있다. 아르메니아 지역에는 '야고보 교회'가 있고, 유대인 지역에는 '통곡의 벽', 크리스천 지역에는 '성분묘 교회' 그리고 성전산에는 '바위 돔' 등 3개 종교의 성지가 나란히 자리하고 있다.

한 종교도 아니고 3개 종교의 성지이니 다른 곳보다 3배의 평화가 있어야 할 것 같은데, 실상은 3배 이상의 문제가 있는 지역이다. 대체 '예루살렘'은 이들에게 무엇인가? 어떤 이에게는 아무것도 아닐 수 있지만, 또 다른 이에게는 모든 것이 될 수도 있다.

아르메니아 지역(Armenian Quarter)

세계지도를 펼쳐 놓고 아르메니아를 보면 아주 작고, 터어키를 제외하고는 거의 들어본 적이 없는 작은 나라들에 둘러싸여 있다. 이렇게 작고 힘이 없을 것 같은 나라가 어떻게 예루살렘 한쪽 지역을 당당하게 차지하고 있는지 신기하기만 했다. '아르메니아 지역' 여기저기 붙어 있는 '터키'에 대한 '항의 포스터'를 보고, 아마 터키와 관계가 있을 것이라는 추측을 할 수 있었다.

아르메니아 민족은 노아의 방주 신화로 유명한 지금의 터키 동부 지역의 '아라랏산' 근방에 거주하면서 고도의 문명생활을 누려왔다. 301년부터 세계 최초로 기독교를 국교로 받아들인 나라이다. 아르메니아 교회가 예루살렘에 자리 잡기 시작한 것은 5세기부터인데, 1311년 아르메니아 지역이 예루살렘에 생겨났다.

오스만 제국이 중동과 발칸 전 지역을 정복하면서 주위의 국가들이 모두 이슬람으로 개종할 때도 끝까지 개종을 거부해 나중에는 근방에서는 아르메니아 민족만이 기독교 민족으로 남았다. 15세기경부터 오스만 제국이 중동과 발칸 전 지역을 정복하면서 아르메니아도 오스만 제국의 통치를 받기 시작했다.

이때부터 아르메니아에 대한 조직적인 박해가 시작되었다. 특별히 1915년에 발생한 터키의 '아르메니아 대학살'은 아르메니아 민족의 모든 것을 변화시켰다. 현재 아르메니아 민족이 전 세계에 흩어져 사는 이유는 90년 전에 일어난 '아르메니아 대학살' 때문이다.

학살을 피해 전 세계로 뿔뿔이 흩어져 현재 모국에는 300만 명이 남아 있고, 전 세계 107개국에 900만 명의 디아스포라 아르메니아인들이 살고 있다. 대량학살이 자행되는 동안 모슬렘으로 개종하지 않은 아르메니아 교인들의 대량 이민으로 인하여 이스라엘 지역의 아르메니아 교인들이 늘게 된 것이다.

아르메니아인들의 최대 성지는 아르메니안 구역의 '성 야고보 교회'다. 이곳이 바로 사도행전 15장에 기록된 최초의 '예루살렘 공의회'가 열린 곳이라고 한다. 이곳은 2명의 야고보를 기념하는 교회이다. 하나는 예수님의 동생으로 초대 주교였던 성 야고보와 예수님의 제자 요한의 형인 야고보로 이들 2명의 시신이 이 교회에 묻혀 있다. 예수

의 동생이며 초대 주교였던 야고보의 무덤은 교회 안 강단 밑에, 그리고 참수형을 당한 요한의 형제 야고보의 무덤은 교회당 좌측에 있다.

크리스찬 지역(Christian Quarter)

크리스찬 지역에는 성분묘 교회(Church of the Holy Sepulchre)가 있다. 예수 그리스도가 십자가에 못 박혔던 골고다 언덕과 그의 무덤을 보존하기 위하여 335년 콘스탄티누스 대제의 어머니 '헬레나 황후'의 지시로 건립한 세계에서 가장 오래된 교회이다.

이곳은 '비아돌로로사'(Via Dolorosa, 십자가의 길)의 마지막 장소이기도 하다. 교회가 위치한 곳 지하에 세 개의 나무 십자가와 못 한 개, '유대인의 왕 예수'라고 쓰인 팻말이 발견되어 10년 동안 교회를 세웠다지만, 수차례 파괴와 재건이 거듭되어, 오늘날의 건물은 대부분 십자군 시대에 지어진 것이다.

지금은 무려 6개의 기독교 종파가 '성분묘교회'를 나누어 관리하는데, 아이로니컬하게도 무슬림이 교회를 여닫는 열쇠를 가지고 있다. 기독교 성지이지만 무슬림이 관리하는 곳이 또 있다. 감람산 위의 '승천교회'이다. '성분묘교회'는 입장료가 없는데 '승천교회'는 있다. 무슬림이 기독교 성지를 관리하며 먹고 산다! 아이로니컬하지 않은가! 뭐 이것뿐인가, 많은 무슬림들은 기독교 성물을 팔아 돈을 벌고 있지 않은가! 종교고 뭐고, '뭐니 뭐니'해도 '머니'(Money)가 최고인가 보다!

유대인 구역(Jewish Quarter)

유대인 구역에서는 제2의 성전 시대의 유물을 엿볼 수 있다. 로마에 의하여 성전이 파괴되었지만 유일하게 남은 곳은 '서쪽 벽'(Western Wall)이다. 로마 시대에는 유대인들이 들어오지 못하게 되어 있었고, 비잔틴 시대에는 일 년에 단 한 번 성전 파괴 기념일에 방문할 수 있도록 허용되었다.

▲ 유대인 구역에 있는 통곡의 벽 ⓒ김환기

유대인들은 그날 이곳에 와서 민족이 분산됨을 슬퍼하고 성전이 폐허 됨을 통곡하였기 때문에 이 벽을 '통곡의 벽'(Wailing Wall)이라고 부르게 되었다.

이러한 관습은 수 세기에 걸쳐서 계속되었는데, 1948년부터 1967년까지 이 지역이 요르단 영에 속하게 됨으로써 유대인들은 다시 방문이 금지되기도 했다. 유대인들은 6일 전쟁 시 이 지역을 탈환하므로 이곳은 범국가적인 즐거움과 신앙의 중심지가 되었으며 그 앞의 넓은 공터를 수천 명이 기도할 수 있도록 다듬어 놓았다. 통곡의 벽 반대쪽에는 황금 사원이 있다.

그곳은 아브라함이 이삭을 드렸던 곳이고, 솔로몬 성전이 있었던 곳이다. 통곡의 벽 주변에는 통곡의 벽 터널, 독특한 데이비드슨 센터, 웅장한 카르도와 아름다움을 뽐내며 우뚝 솟은 다윗의 성 등 중요한 유대인 유적이 있다.

무슬림 지역(Muslim Quarter)

예루살렘에서는 무슬림 지역이 가장 크고 번화하다. 그중에서도 '다마스커스'(Damascus) 성문이 제일 복잡하다. 딱히 무슬림 지역으로 구분되지는 않지만 '바위 돔'(Dome of Rock)이 있는 곳인 성전산도 무슬림이 관리한다. '통곡의 벽' 우측 입구를 따라 성전산에 오르면 '엘악사' 회교사원과 '바위 돔'을 볼 수 있다.

▲ '다마스커스'(Damascus) 성문　ⓒ김환기

　　서기 638년 이곳을 통치했던 아랍인들은 성전산의 큰 바위 위에서 자신들의 최고의 선지자 모하메드가 승천했다는 전설에 따라 그의 발자국이 남아 있다는 바위를 종교적으로 기념 및 보존하기 위해 서기 692년 당시 예루살렘의 통치자인 '압둘 말리크'는 대사원을 건축했다.

　　오늘날도 성전산 위에 우뚝 서 있어 예루살렘의 대표적 건축물이 되는 '바위 돔'이 바로 그것이다. 지름이 78피트, 높이가 108피트인 돔

23. 예루살렘의 4개 지역

은 구리와 알루미늄의 특수 합금으로 만들어져 있어서 태양빛이 비칠 때는 황금빛으로 아름답게 반사된다.

1958~1964년 사이에 사원의 돔을 교체하면서 황금색 칠을 하여 '황금사원'이라고도 불린다. 모하메드가 승천했다는 바위도 이 바위 사원 안에 있어서 모슬렘에서는 메카, 메디나와 함께 예루살렘을 3대 성지로 꼽고 있다. 얼마 전 바위의 돔은 새 단장을 하게 되었다.

요르단의 후세인 왕은 650만 달러의 사재를 들여 돔을 24K의 순금으로 씌우게 했다. 1993년 시작된 공사는 15개월간 계속되어 1,200장의 얇은 순금 판이 돔 위에 입혀져 진짜 '황금 돔'이 되었다.

▲ 황금사원 ⓒ김환기

23. 예루살렘의 4개 지역

24. 감람산 동쪽의 교회들

　감람산(Mountain of Olives)은 예루살렘 동쪽에 있는 해발 841미터의 산이다. 이 산은 감람나무(Olive Tree)가 많았기 때문에 감람산이라고 부른다. 구약에서 감람산은 다윗이 비참한 모습으로 압살롬을 피해 도망할 때, 스가랴가 예루살렘의 멸망을 예언할 때 언급되었다. 신약에서는 예수님과 관련되어서 자주 나타나는데 예수님의 예루살렘 입성, 세상 종말에 대해 가르치셨던 곳이며, 잡히심과 승천이 일어난 곳이다. 감람산은 성전산보다 80미터 정도 높아서 이 산에 서면 예루살렘 전경을 한눈에 볼 수 있다.

　감람산 정상은 예수님이 승천하신 곳이고, 길을 따라 10여 분 내려오면 제자들에게 '주기도문'을 가르쳐 주신 곳이 나온다. 중턱쯤에 예수님이 예루살렘을 보고 눈물을 흘리셨던 곳, 조금 더 내려오면 '막달라 마리아 교회'가 있다. 기드론 골짜기 가까운 곳에 이르면 예수님이 제자들과 함께 기도했던 '겟세마네 동산'을 만난다.

예수 승천 교회(Chapel of Ascension)

예수님은 부활하시고 지상에서 40일을 계시다, 감람산 정상에서 승천하셨다. 사도행전 1:9~12에 예수께서 제자들을 이끌고 감람산 위에 가셔서 축복하시고 승천하심을 기록하고 있다. 이후로 감람산 정상은 승천 장소로 알려져 있다. 이곳에 작은 '승천 교회'가 있다. 안으로 들어가면 예수님이 승천하셨다는 증거로 발자국이 선명한 '승천 바위돌'(Rock of Ascension)을 볼 수 있다.

▲ 감람산 정상에 있는 예수승천교회. 이곳은 무슬림이 관리하고 있고 입장료를 받는다. ⓒ김환기

24. 감람산 동쪽의 교회들

처음 이곳에 교회가 세워진 것은 주 후 380년경이다. 하지만 614년에 페르시아군에 의해 파괴되었다, 십자군 당시 이곳에 8각형의 작은 교회가 다시 지어졌는데 예수님의 승천을 상징하여 천장을 만들지 않았다. 후에 무슬림들은 이 교회 천장에 둥근 지붕(Dome)을 만들어 씌우고 이것을 회교사원으로 변경시켰다.

재미있는 사실은 이곳을 관리하는 사람은 무슬림이다. 그는 입구에 서서 들어가는 사람들에게 1불 입장료를 받는다. 안에 있는 '승천 바윗돌' 옆에 누가 놓고 갔는지 1불짜리 미화가 있었다. 입장료 대신 가지고 나오려다가, 잡히면 바로 승천할 것 같아 그냥 나왔다.

▲ 주기도문 교회 ⓒ김환기

주기도문 교회 (Pater Noster)

어느 날 한 제자가 예수님께 기도를 가르쳐 달라고 요청하자 "하늘에 계신 우리 아버지여"로 시작되는 '주기도문'을 가르쳐 주셨다(마 6:9~13). 이것은 참된 기도의 내용을 담고 있는 '기도의 예'라 할 수 있다.

주기도문이 시작되는 라틴 말을 따서 교회 이름을 지었다. 'Pater Noster'라는 말은 '우리 아버지'라는 뜻의 라딘어이다. 이곳은 예수님께서 제자들에게 주기도문을 가르치신 곳이라고 전해 오는 곳이다.

초대교회 전승에 의하면 이 교회는 콘스탄티누스 황제가 기독교를 공인한 뒤 4세기에 예루살렘의 감람산에서 예수님께서 제자들에게 주기도문을 가르쳐 준 장소를 기념해서 그의 어머니 헬레나가 세웠다고 한다. 그러나 614년 페르시아인이 파괴한 것을 모데스토스가 재건하였으며, 1009년 알 하킴에 의해 다시 파괴되었다.

그 후 십자군이 다시 세웠으며 현재의 건물은 1874년 투르 오베르뉴 백작 부인의 재정 지원으로 프랑스 건축가 '기예르메'가 설계 건축한 것이다. 교회의 벽면에는 히브리어로 시작된 최초의 주기도문이 1102년에 새겨진 이후 한글을 비롯해 현재 약 120여 개 언어로 쓰인 주기도문이 새겨져 있다. 세계에서 가장 오래된 세 교회는 '주기도문 교회', '예수 탄생교회', '성분묘교회'이다.

▲ 가톨릭 주기도문 ⓒ김환기

눈물교회(Dominus Flevit)

눈물교회는 '통곡교회'로 불린다. 교회 이름은 라틴어로 'Dominus Flevit'인데 '주께서 우셨다'는 뜻이다. 이 교회는 예수님이 감람산에 올라가 장차 파괴될 예루살렘 성을 보시면서 우신 곳인데 감람산 기슭에 있다.

5세기경 이곳에 수도원이 처음 세워진 이래 1881년 '프란시스코 수도원'이 자리 잡고 있으며, 현재의 교회는 옛 교회의 잔해 위에 1955년 이탈리아의 건축가 안토니오 바르루치(Antonio Barluzzi)가 설계하여 완성한 교회로 지붕은 예수님이 눈물 흘리신 것을 상징하기 위해 눈물 모양을 하고 있다.

▲ 눈물교회 ⓒ김환기

　이 교회의 바닥 장식과 정문 위의 유리창의 십자가를 겹쳐보면 예루살렘으로 한 건물이 보이는데, 바로 골고다 '예수 무덤교회'가 보인다.

　눈물교회를 설계한 '안토니오 발루치'는 예수님의 고난과 죽음이 중요하기 때문에 십자가를 통해 골고다를 바라봐야 한다는 의미로 교회를 설계했다고 한다. 성서에는 예수님께서 3번 우신 것으로 기록되어 있다. 나사로의 죽음을 보시고(요 11:35), 멸망을 앞둔 예루살렘 성을 보시고(눅 19:41), 겟세마네 동산에서 기도하실 때(히 5:7)이다.

막달라 마리아 교회
(Russian Orthodox Convent of ST. Mary Magdalene)

▲ 막달라 마리아 교회 ⓒ김환기

막달라 마리아는 예수의 죽음과 부활을 모두 지켜본 증인인 동시에, '참회의 성녀'로서 수많은 전설에 의해 덧씌워져 오랜 세월 동안 사람들을 매료시켜 왔다. 동방 정교회에서는 부활절 후 제2주일을

24. 감람산 동쪽의 교회들

'회개한 여자의 주일'로서 막달라 마리아를 기념한다.

'겟세마네 동산교회'보다 조금 위쪽인 감람산 중턱에 있는 막달라 마리아 교회는, 1895년 '짜르 알렉산더 3세'가 그의 어머니 마리아 '알렉산드로브나'를 기념하기 위해서 지었고, 그녀의 수호성인 막달라 마리아 이름을 따서 지었다. 예루살렘 성에서 석양을 등지고 바라보는 마리아 교회는, 양파 모양의 7개의 금빛 돔이 석양빛에 반사되어 정말 아름다웠다.

그녀의 기념교회만큼이나 그녀도 아름다웠으리라 미루어 짐작하여 본다. 안으로 들어가려 했으나 철문은 굳게 닫혀 있었다. 옆에 있는 안내판을 보니 화, 목요일 10~12시에만 입장이 가능하다고 쓰여 있다.

겟세마네 동산교회 (Gethsemane Church of the Agony)

▲ 겟세마네 동산교회 ⓒ김환기

'겟세마네 동산교회'는 세계 16개국의 모금으로 건축되었기 때문에 '만국 교회'(Church of All Nations)라고도 불린다. 예수님께서 로마 병사들에게 끌려가시기 전에 이곳에 있는 바위에서 기도하셨다고 전해지며, 그 바위 위에 세워진 교회이다. 천장이 유달리 높고 90여 평이나

24. 감람산 동쪽의 교회들

됨직한 넓은 교회당 안을 들면 전등불로 조명된 모자이크 벽화들이 아름답다.

교회당 전면에는 넓은 바위가 원형대로 보존되어 있고 그 뒤쪽 벽면에는 예수님이 바위 위에 앉아 기도하는 모습이 모자이크 벽화로 장중하게 그려져 있다. 그 주위에는 예수님이 제자들에게 설교하는 모습도 있고 횃불을 들고 몰려오는 로마 병정들 속에 간교한 생김새를 한눈에 식별할 수 있는 가롯 유다의 모습도 보인다.

현재의 교회는 1924년 이태리의 건축가 '안토니오 바를로치'가 설계, 건축한 것이다. 이 교회는 가톨릭의 '프랜시스컨 신부회'에서 관리하고 있다. 교회 정원에는 감람나무가 울창하게 들어차 있다. 그중 몇몇 그루는 아주 오래된 나무이다.

▲ 만국교회라 불리는 겟세마네 동산교회 정원에 있는 오래된 감람나무 ©김환기

아마도 예수님 당시에도 있었는지도 모를 일이다. 만일 그렇다면 예수님이 땀방울을 핏방울 같이 흘리시며 했던 기도를 기억하고 있을 것이다.

"내 아버지여 만일 할 만하시거든 이 잔을 내게서 지나가게 하옵소서. 그러나 나의 원대로 마시옵고 아버지의 원대로 하옵소서."(마 26:39)

24. 감람산 동쪽의 교회들

25. 쿰란(Qumran)

예루살렘에서 쿰란(Qumran)까지는 약 35km 떨어져 있다. 1951~1956년에 발견된 이 지역은 폐허 속의 건물은 폭 27m 길이 44m 정도로서 석고가 거칠게 발라져 있는 큰 돌로 만들어졌다. 북쪽에는 탑이 있으며 부엌과 붙어 있는 식당에서 1,000여 점의 토기가 발견되었다.

거주지에서 서쪽으로 3백여 미터 떨어진 곳, 유대광야의 높은 언덕이 막 시작되는 입구에는 바위 동굴 11개가 여기저기에 있다. 이곳에서 금세기 인류 역사에 놀랄 만한 보물이 발견되었다.

1947년 어느 날 베두인 소년이 잃어버린 염소를 찾아 이리저리 헤매다 언덕 꼭대기에 있는 동굴을 발견하게 된다. 그 소년은 동굴 근처까지 가까스로 올라가 돌을 안으로 던졌다. 염소가 속에 있으면 돌이 떨어지는 소리에 놀라, 울 것이란 생각 때문이었다.

▲ 쿰란 동굴 ⓒ김환기

그런데 엉뚱하게도 항아리가 깨어지는 소리가 났다. 소년은 굴 안으로 들어가 보기로 작정하고 몇 시간의 노력 끝에 겨우 동굴에 들어갈 수 있었다. 그곳의 한쪽 구석에는 깨진 질그릇 조각들 사이로 항아리들이 가지런히 놓여 있었다. 높이가 60센티미터가량 되는 큰 항아리들이었다. '무하마드와 아메드'는 조심조심 항아리 뚜껑을 열어 보았다. 뭔가 시커먼 덩어리들이 드러났고, 꺼내 보니 얇은 양피를 꿰매서 이은 두루마리였다. 2,000년간 잠자던 '사해사본'이 기지개를 켜는 순간이었다.

25. 쿰란(Qumran)

사해사본 (Qumran Scrolls)

▲ 쿰란공동체에 의해 쓰여진 사해사본이 2,000년간 잠자고 있던 항아리. ⓒ 김환기

'사해사본, 사해문서'라 불리는 '쿰란 두루마리'는 1947년 이후 수년간에 걸쳐서 사해의 서북연안과 서안에 펼쳐져 있는 유다의 황야의 동굴이나 폐허에서 발견된 고사본들을 말한다.

사해사본은 BC 2~1세기 사이 '쿰란 공동체'에 의해 쓰인 것이다. 쿰란 주변 11개 동굴에서 발견된 사해사본들 가운데 두루마리 형태로 잘 보존된 것은 불과 10개이며 나머지는 수없이 많은 조각이 발굴되었다. 이들 중 약 1/4이 구약사본이며, 나머지는 구약주석, 신학서, 쿰란 공동체의 규율집들로 대부분 양피에 고대 히브리어로 적어놓은 것들이다.

이 사본들에서 성경에 포함된 책들 외에 다른 성서들도 발견할 수 있었는데, 이것을 통하여 옛 쿰란 문화에 관한 새로운 정보들을 얻을 수 있었다. 이 문서들은 '자도카이트 문서, 사회 규율, 훈련 법칙' 등을 포함하고 있어서 쿰란 사람들이 갖고 있었던 일상생활 문화에 관한 자세한 정보를 제공하고 있다.

또한, 성경 주석에 도움을 주는 여러 중요한 문서들도 발견되었다. 사해구약사본은 '에스더'를 제외하고는 구약의 모든 책이 포함되어 있다.

성서 원본이 없고 주후 10세기경의 히브리 사본이 가장 오래된 사본으로 인정되고 있을 때, 주전 2세기경의 사본이 발견되었다는 것은 고고학적인 측면에서 금세기 최대의 발견이 아닐 수 없다. 사해사본이 2천 년 가까운 세월을 넘어 고스란히 남아 있었던 것은 매우 건조한 이 지역의 기후 덕분이다.

25. 쿰란(Qumran)

안내판에는 제2 성전 시대에 기록된 약 900개의 조각문서와 두루마리가 11개의 동굴에서 발견되었다고 쓰여 있었다.

쿰란 공동체(Qumran Community)

이곳은 BC 8~6세기경에 공동체가 형성되었다가, BC 31년 지진으로 파괴되었다. 다시 돌아와 공동체를 형성했으나 AD 68년 로마에 의하여 파괴되었다. 그 후 'QUMRAN SECT'로 알려진 약 200여 명이 거주하였다. 이들은 집단금욕생활(Collective, Ascetic Life)을 하였다.

요세푸스를 비롯한 고대의 역사가들이 언급하고 있는 유대교의 한 종파인 에세네(Essene)의 사람들의 집단 거주처였다. 수도원임이 밝혀진 것이다. 수도원은 원래 성벽으로 둘러싸여 있었으며, 이보다 높은 지점의 계곡에 댐을 건설하여 겨울철의 우기에 흘러내려 오는 빗물이 수로를 따라 수도원의 물탱크에 자동적으로 저장되었다.

한 주간 중 평일에는 근처의 수많은 동굴 속에서 기거하던 에세네 수도자들이 안식일에는 이곳으로 내려와 물로 씻는 정결 예식과 성서 연구를 하였고 공동의 식사를 위한 대형 식당과 주방, 성서를 베끼는 필사실 등이 이곳에 갖추어져 있었다.

▲ 쿰란의 공동체 생활터 ⓒ김환기

또 키르바트 쿰란(Khirbat Qumran)이라고 불리는 수도원 건물도 있었다. 수도원 방 안에는 나무로 만든 큰 책상과 걸상이 먼지에 덮여 있었고, 책상 위에는 잉크병과 붓까지 그대로 놓여 있었다. 그동안 발견된 문서들은 모두 그 방에서 쓰였음이 분명했다.

25. 쿰란(Qumran)

에세네파(Essene)

예수 시대에 에세네(Essenes)로 불리는 파가 있었다. 이들은 바리새파나 사두개파와 마찬가지로 유대교의 한 갈래였다. 이 무리는 '정의의 스승'(teacher of righteousness)이라 불리는 사람이 이끌었으며, 바리새파와 사두개파가 율법과 제사 등 형식과 권위에 치우친 데 비해, 신비주의와 금욕생활을 내세웠다.

에세네파 신자들은 재산과 예배, 독서와 식사 등을 모두 함께했다. 결혼은 하지 않았고, 오로지 세상의 종말에 대비하여 하나님과 한 몸이 되기를 기도했다. 그들은 세상이 마지막에 이르면, 그들 '빛의 아들들'이 '어둠의 아들들'을 물리치고 하나님의 나라를 세울 꿈을 가지고 있었다.

에세네파 교인들은 금욕, 기도, 하나님의 말씀 읽기를 계속해 왔다. 함께 간 유태인 가이드는 "왜 이들이 집단금욕 생활을 했겠습니까?"라고 질문했다. 특별히 대답하는 사람이 없자, "이들은 메시아가 곧 올 것이라고 믿던 사람입니다. 그날을 기다리며 구분된 생활을 했던 것입니다."라고 설명했다.

사해(Dead Sea)

사해는 지구상에서 가장 낮은 곳이다. 사해의 남북 길이가 77km, 동서 최대의 폭이 16km, 면적은 9백65km^{2}로 갈릴리 호수의 6배다. 이스라엘은 헬몬의 이슬이 모여 갈릴리 호수를 이루고, 요단으로 흘러 사해로 모인다.

사해(Dead Sea)는 말 그대로 죽은 바다이다. 30% 가까운 염도 때문에 아무런 생물도 살 수가 없다. 요단 계곡의 폭염에 노출된 고인 물은 계속되는 증발로 인해 풍부한 광물질과 화학 물질 침전 현상이 생겨난다. 이런 풍부한 광물질이 포함된 사해는 병의 치료에 독특한 효험이 있다고 한다.

특히 플라스틱, 농약, 페인트 등의 원료인 브로마인(Bromine)은 전 세계 소비량의 26%가 사해에서 생산되고 있다. 사해의 브로마인은 앞으로 1천 년을 쓸 수 있는 양이라고 한다.

나는 사해에서 꼭 한 가지 하고 싶은 일이 있었다. 바로 수영이다. 어릴 때 한강에서 수영하다 두 번씩이나 빠져 죽을 뻔했다. 군 복무를 했던 인천 앞바다에서는 수영을 못해 짠물을 실컷 마셨다. 이곳에 오기 전 사해에서는 가만히 있어도 몸이 뜬다는 말을 듣고, 평생의 숙원을 이루고자 했다.

▲ 신발을 양손에 들고 사해에서 평생 숙원을 이룬 필자 ⓒ김환기

과연 맥주병도 뜰 수 있을까? 신발을 양손에 들고 용감하게 사해 바다로 들어갔다. 그리고 사해에 내 몸을 맡겼다. 와! 뜬다, 떴다.

할렐루야!

26. 가버나움(Capharnaum)

▲ 가버나움 입구에 예수의 마을이란 팻말이 걸려 있다. 이곳은 예수님의 제2의 고향과 같은 곳이다. ⓒ김환기

예수님 시절에는 예루살렘과 갈릴리 사이에 '사마리아'가 있었다. 유대인들은 사마리아 사람들이 불결하다고 해서 그곳을 지나가지 않았다. 사마리아의 일부가 오늘날 팔레스타인의 자치 지구인 'West

Bank' 지역이다. 그래서 유대인들은 그곳을 지나가지 않는다. 유대인 관광버스는 예루살렘에서 텔아비브 쪽을 거쳐 갈릴리로 갔다. 갈릴리 호수 바로 옆에 '가버나훔'이란 곳이 있다.

가버나훔은 히브리어로 '크파르 나훔'으로 쉽게 말하면 '나훔 동네' 라는 뜻이다. 히브리어 '나흐'는 '쉬다'의 뜻이고, '나훔'은 쉼, 안식을 의미한다. 즉 '쉼의 동네'라는 뜻이다. 구약성경에 '나훔서'가 있다. 타락한 '니느웨'의 멸망을 예언한 글이다. 이름은 쉼을 뜻하는데, 메시지는 멸망을 선포하고 있다. 아마 영원히 쉬라는 뜻인가 보다.

예수님 당시에 가버나훔은 갈릴리 북쪽 해안에 위치한 로마의 식민지였으며, 시리아에서 요르단을 넘어 지중해 연안으로 이어지는 옛 상업로의 입구이다. 가버나훔은 다메섹에서 지중해로 통하는 통로이며, 예수님 당시에는 상업이 번성하여 세관과 큰 회당도 있었으며 주민들이 많았던 마을이다.

함께 간 유대인 가이드는 "가버나훔은 헤롯 안티파스 영토와 헤롯 빌립의 국경 도시였기에 다양한 계층의 사람들이 함께 모여 살던 곳이었습니다"라고 설명했다. 헤롯 대왕의 두 아들이 북부 갈릴리를 나누어 통치하던 시절 가버나훔에서 동쪽으로 4km쯤 떨어진 곳에 상류 요단강이 흐르고, 그 요단강을 경계로 헤롯 안티파스(서쪽)와 헤롯 빌립(동쪽)의 영지가 나누어져 있었다.

국경지대의 주요 대로에 있었고 사람들의 왕래가 많이 있었으며 국경을 지나는 물품이나 사람들에 대한 세금을 징수하는 세관이 있었다. 그뿐만 아니라 해변 길을 통하여 갈릴리 바다를 끼고 골란고원 쪽으로 올라가는 중요한 대상로와 군대 이동로도 있었다.

성경에 6명의 헤롯이 등장한다. 그중에 '헤롯 안티파스'가 가장 많이 등장하는 이유는 가버나움이 있는 갈릴리 지역을 통치했기 때문이다.

예수의 마을(The Town of Jesus)

가버나움 입구 철문에 'Capharnaum The Town of Jesus'라는 큰 팻말이 나의 눈길을 끈다. 이곳은 '예수의 마을'이라 언급할 정도로 예수님의 제2의 고향과 같은 곳이다. 가버나움은 갈릴리 선교 본부로서 3년 동안의 공생애 활동의 중요한 도시 중 한 곳이다. 예수님은 공생애를 시작하면서 나사렛을 떠나 이곳 가버나움에서 첫 활동을 시작하였고, 베드로, 안드레, 야고보, 요한, 마태 등 다섯 제자를 부르신 곳이다(마4:13-22). 이뿐 아니라 예수님은 이곳에서 많은 이적을 행하셨다.

문둥병자를 고치셨으며, 중풍병으로 누운 백부장의 종을 낫게 하고(마 8:5~13, 눅 7:1~10), 베드로의 장모의 열병을 고쳐 주셨으며(마 8:14~15, 막 1:29~31), 회당장의 야이로의 죽은 딸을 살리셨으며(막 5:21~43), 혈루증을 앓는 여인을 낫게 하셨으며, 맹인들의 눈을 뜨게 하셨고, 손이 오그라든 사람의 손을 펴게 하셨다(마 12:9~13).

또 지붕을 뜯어 구멍을 내어 중풍병자의 누운 상을 달아 내렸을 때 중풍병자의 병을 고쳐 주시기도 했다(막 2:1-12). 복음서의 여러 곳에서 이 도시를 '예수의 고향', 혹은 '예수의 마을'이라 부르고 있다(마 9:1, 막 2:1).

▲ 가버나움 회당 ⓒ김환기

회당(The Synagogue)

회당의 규모를 통하여 그 마을의 규모를 알 수 있다. 회당은 남자 성년 10명이 있어야만 회당 예배가 시작된다. 보통 회당은 1층 남자, 2층은 여자가 예배를 드린다. 모스크도 마찬가지이다.

어번(Auburn) 모스크(Mosque)에 갔을 때, 그곳도 2층 구조로 되어 있었다. 2층에서는 여자, 1층에서는 남자가 예배를 드렸다. 인내하는 사람에게 "왜 구분하여 예배를 드립니까"라고 질문하니, "예배에 집중하기 위해서입니다"라고 대답했다. 보수적인 유대교에서는 아직도 남녀를 구분하여 예배를 드리고 있다. 오래전 우리나라도 칸막이를 치고 예배드린 적이 있었다고 한다.

가버나훔 회당은 세 면을 따라 측랑이 있고 예루살렘을 향하여 열려 있는 세 개의 입구 등 그 당시 갈릴리 지방에서 흔한 방식으로 지어졌다. 회당의 중앙 공회당은 커다란 석판으로 깔려 있다. 이곳에서 발견된 여러 가지의 발견품에 의하면 외관상으로 아마도 여자들이 있던 부분이었을 이 층짜리 건물이었을 것이다.

이 지역은 현무암이 많음에도 불구하고 회당은 10km나 떨어진 아래 갈릴리 산간지방에서 가져온 석회암으로 지어졌다. 삼인방, 명각비문, 처마 장식에 장식된 건축상 조각 무늬도 화려하다. 이들 중 많은

26. 가버나훔(Capharnaum)

부분이 우상 파괴주의 시대에 손상되었다.

회당 주위를 돌다가 담에 부착된 건축 연대와 관련된 글귀를 발견했다. "'예수의 회당' 잔해 위에 건축된 'White Synagogue'는 4세기 후반에 건축됨"(the late fourth century A.D. White Synagogue built upon the remains of the Synagogue of Jesus) 표지를 통하여 회당의 건축 연대는 알 수 있었으나, '예수의 회당'이란 표현은 나에게 조금 낯설었다. 예수께서 이곳에서 말씀을 증거하시고, 사역하셨기에 그렇게 쓴 것 같다.

베드로의 집(The house of Simon Peter)

가버나훔 입구에는 '큰 열쇠'를 든 베드로가 버티고 서 있다. 성지를 가면 베드로와 바울 동상을 쉽게 볼 수 있다. 베드로와 바울을 구분하는 것은 그렇게 어렵지 않다. 열쇠를 들고 있으면 베드로이고, 검이나 말씀을 들고 있으면 바울이다. 베드로의 동상은 마태복음 16장 19절 "내가 천국 열쇠를 네게 주리니 네가 땅에서 무엇이든지 매면 하늘에서도 매일 것이요 네가 땅에서 무엇이든지 풀면 하늘에서도 풀리리라 하시고"의 말씀을 근거로 만들었다. 바울은 학자로서 에베소서 6:17절 "성령의 검 곧 하나님의 말씀을 가지라"의 말씀을 근거로 했다.

가버나훔은 중풍병자를 친구로 둔 네 명이 예수께서 가르치시던 집의 지붕을 뚫고 들어간 사건(막 2:1~12)으로 유명하다. 이곳에 베드로의 생가(마 8:14, 막 1:29)가 있었다. 지금은 베드로 집터 위에 '베드로 기념교회'가 서 있다.

▲ 베드로 기념교회는 사면이 유리로 둘러싸여 있어 교회 안에서도 갈릴리 호수를 볼 수 있다. ⓒ김환기

26. 가버나움(Capharnaum)

베드로 기념교회는 사면이 유리로 둘러싸여 있어 교회 안에서도 갈릴리 호수를 볼 수 있다. 교회 중앙은 바닥을 볼 수 있도록 유리로 장식되었다. 주변에는 난간이 있다. 난간 앞에서 무릎을 꿇고 기도하는 여인이 있었다. 많은 관광객이 오고 감에도 불구하고, 미동도 없이 같은 자세로 기도하고 있었다. 무슨 기도를 하는 것일까? 그녀의 기도하는 모습은 한편의 설교보다 더 큰 감동으로 나에게 다가왔다.

27. 갈릴리(Galilee)

▲ 요단강 세례터 ⓒ김환기

27. 갈릴리(Galilee)

예루살렘에서 갈릴리까지는 150km가 조금 넘는다. 하지만 예루살렘과 갈릴리 사이에 'West Bank' 지역이 있어서 돌아가야만 했다. 팔레스타인 자치구인 West Bank 지역은 아직도 출입이 자유롭지 못하다. 버스가 '성서의 땅'을 가로질러 갈릴리에 도착하자, 나는 감격하며 복음성가를 마음속으로 불러 보았다. "갈릴리 마을 그 숲속에서 주님 그 열한 제자 다시 만나시사 마지막 그들에게 부탁하시기를 너희들은 가라 저 세상으로…"

갈릴리(Galillee)는 요단강과 갈릴리 바다가 동쪽의 끝이고 서쪽은 지중해, 남은 사마리아, 서북은 베니게(Phoenicia, 페니키아)이다. 동서의 거리는 40km~50km, 남북은 80km이다. 지세는 북은 레바논 산맥과 헬몬산(Hermon) 등의 산지이다. 남쪽은 비교적 평원지대다. 대체로 갈릴리 지방의 토지는 비옥하고 풍경은 아름답다.

구약시대는 납달리, 아셀, 스블론, 잇사갈의 네 지파에게 분배된 땅이었고 신약시대에는 온 팔레스타인이 남부는 유대, 중부는 사마리아, 북부는 갈릴리로 나누어졌다. 구약시대의 갈릴리엔 이방인들이 많이 들어와 살았기 때문에 성경에서도 '이방인의 갈릴리'라고 불렸다(사 9:1, 마 4:15).

▲ 갈릴리의 새벽 ⓒ김환기

갈릴리 호수(The Sea of Galilee)

'갈릴리 호수'란 '갈릴리 지역에 있는 호수'라는 말이다. 갈릴리 호수는 길이가 20km, 가장 넓은 폭이 12km다. 이곳은 해수면보다 210m나 낮은 곳에 있어서, 종종 주변의 대기를 뜨겁게 하기도 한다. 산에서 아래로 내려 부는 차가운 공기가 물 위의 뜨거운 공기와 만나서 갑작스러운 폭풍을 만들기도 한다(눅 8:22~24).

27. 갈릴리(Galilee)

'가버나움'에서 카메라의 줌을 당겨, 갈릴리 호수 가운데 있는 배를 찍었다. 그물을 내리지 않은 것으로 보아 고깃배는 아닌 것 같다. '갈릴리 바다'라고 번역된 성경만을 읽고 이곳에 오면 실망할 수밖에 없다. 어느 곳에 있든지 반대편의 땅이 한눈에 들어오기 때문이다. 그러면 왜 '호수'를 굳이 바다라고 번역했을까?

갈릴리(Galilee) 호수는 여러 명칭이 있다. 구약성경에 나오는 '긴네렛'(민 34:11, 수 13:27) 혹은 '긴네롯'(수 12:3)이란 이름은 모양이 하프처럼 생겨서, 히브리어로 하프를 의미하는 '키노르'에서 따온 것이다. 그래서 이곳을 '얌 긴네렛'이라고 불렀다.

'얌(Yam)'에는 바다란 뜻이 있다. 우리말 개역개정 성경에는 '호수와 바다'를 번갈아 사용하고 있다. 하지만 공동번역에는 일관되게 '호수'로 번역했고, NIV 성경에는 'The Sea'라고 했다. 신약 성경에는 갈릴리 이외에도 디베랴(요 6:1, 21:1), 게네사렛(마 14:34, 막 6:53, 눅 5:1) 바다라고 불리기도 했다.

▲ 오병이어 교회 ⓒ김환기

'갈릴리 호수' 주변은 온통 예수님의 발자취로 가득하다. 예수님께서는 그의 공생애 사역의 3분의 2의 기간인 약 2년간 많은 활동과 가르침과 33번의 이적 중 24번을 갈릴리에서 행하셨다. 특히 갈릴리 해변에서는 베드로, 안드레, 야곱, 요한 등 제자를 부르셨고(마 4:18~22), 열두 사도를 뽑으셨고(막 3:13~19), 베드로의 배에서 군중을 가르치셨고(막 3:7~12, 눅 5:1~3) 무리를 가르치시고 많은 병자를 고치셨고(마 15:29~31), 산상수훈을 내리셨다(마 5~7장).

오병이어의 기적을 일으키신 곳도 이곳이다(마 14:13~21, 요 6:1~13). 기적의 현장에는 '오병이어 기념교회'가 있다. 교회 안으로 들어가면 제단 앞 바닥에 물고기 두 마리와 떡이 담겨 있는 그릇이 모자이크로 새겨져 있다. 유대인 가이드는 그릇 안에는 떡이 5개가 아니라 4개밖에 없다고 했다. 자세히 살펴보니 정말 그릇 안에는 떡이 4개밖에 없었다. '도대체 누가 떡을 먹은 것일까?' 맹세컨대, 나는 먹지 않았다.

디베랴 바다(The Sea of Tiberias)

'디베랴'는 '요세푸스'에 의하여 '대자연의 야망'이라고 묘사될 만큼 아름다운 곳으로, 갈릴리 해변의 서안에 세워진 도시다. 서기 20년경에 '헤롯 안티파스'가 갈릴리 호수 서쪽 해변에 휴양도시를 건설하여, 로마 황제인 '티베리우스'에게 헌정한다는 뜻에서 도시를 '디베랴'로 부르게 되었다. 이후로 갈릴리는 '디베랴'라는 또 다른 이름을 갖게 되었다.

처음 이 도시가 세워진 후 유대인들은 이곳에 정착하기를 거부했다고 한다. 그러나 서기 70년 예루살렘이 철저하게 파괴된 후에는 유대인들이 정착하기 시작하여 그들의 정치와 경제, 그리고 문화의 중심 도시로 발전했다. 유대 지식인들이 이곳에 모여들었고, '팔레스틴 탈무드'(Palestinian Talmud)가 바로 이곳에서 완성되었다.

현재 '디베랴'는 갈릴리 지방에서 가장 큰 도시로 성장했다. 약 10만 여 명의 인구가 거주하고 있는 이 도시는 갈릴리 바다를 배경으로 한 관광 산업과 주변의 키부츠 마을들의 소비중심을 가지고 생활하는 도시이다. 그뿐만 아니라 이스라엘 사람들의 휴가철에 많이 찾는 곳으로 호텔업이 발달하였다.

요한복음 21장을 보면, 부활하신 그리스도가 '디베랴 바닷가'에서 베드로를 만나는 장면이 나온다. 주님은 베드로에게 질문했다. "네가 나를 사랑하느냐" 주님은 '아가페' 사랑으로 질문을 했으나, 베드로는 '필레오'로 대답했다. 다시 주님은 "네가 나를 사랑하느냐"고 '아가페' 질문을 했지만, 베드로는 다시 '필레오'로 대답을 했다. 세 번째 주님은 "네가 나를 사랑하느냐?" 필레오로 질문을 하고, 베드로도 '필레오'로 대답했다. 주님께서는 베드로가 '아가페' 사랑을 할 수 없는 것을 아시고, 스스로 베드로의 수준으로 낮아지셨다. 왜 하나님이 육을 입고 이 땅에 오셨는가? 인간이 하나님께 갈 수 없기 때문이다.

27. 갈릴리(Galilee)

베드로 고기 (Peter's fish)

▲ 베드로 고기와 칩스 ⓒ 김환기

가버나훔에서 예루살렘으로 돌아가는 길에 '디베랴'에 들렸다. 나는 이곳에서 유명한 '베드로 고기'를 먹었다. 예수님도 디베랴 바닷가에서 베드로와 함께 내가 먹는 고기를 드시지 않았을까 상상해 보았다.

'베드로 고기'라는 명칭은 마태복음 17장에 나오는 사건에서 비롯되었다. 예수께서 가버나훔을 지나가실 때 반 세겔의 성전세를 내셔야 했는데, 그때 베드로에게 바다에 가서 낚시를 던져 먼저 오르는 고기의 입에 있는 한 세겔로 성전세를 내라고 지시하셨다. 갈릴리 호수에서 잡은 그 고기를 '베드로 고기'라 칭하게 된 것이다.

나는 칩스와 함께 나온 베드로 고기 한쪽 면을 다 먹고 나서, 뒤집어 반대편도 알뜰하게 먹었다. 중국 사람들은 절대로 고기를 뒤집어 먹지 않는다. 이유는 고기를 뒤집는 것은 배(Boat)를 뒤집는 것과 같기 때문이라고 한다. 하지만 나는 포크로 뒤집기를 해서 최후의 한 짐까지!

당시 식용이 가능한 어종은 세 종류였다고 한다. 먼저 '무슷'(musht)으로 일명 '베드로 고기'이다. 둘째, '비니'(biny)로 '수염'(hair)을 의미하는데, 입가에 수염이 있으며 잉어류에 속한다. 셋째, '사딘'(sardine)으로 가장 흔한 물고기로 50% 이상을 차지한다.

마태복음 13장 47~48절에도 "천국은 마치 바다에 치고 각종 물고기를 모는 그물과 같으니 그물에 가득하매 물가로 끌어내고 앉아서 좋은 것은 그릇에 담고 못된 것은 내버리느니라"고 말씀하셨다. 여기서 '나쁜 고기'란 아마 먹지 못하는 고기를 뜻할 것이다.

고기도 먹는 고기와 못 먹는 고기가 있듯이 교회 내에도 '교인'이 있고 '그리스도인'이 있다. 교인은 그냥 교회 다니는 사람이고, 그리스도인은 '그리스도의 영'이 있는 사람이다. '누구든지 그리스도의 영이 없으면 그리스도인이 아니다.'(롬 8:9). 성령이 우리 안에 거하고 계시므로 우리 몸이 성전(聖展)이다. '너희가 하나님의 성전인 것과 하나님의 성령이 너희 안에 거하시는 것을 알지 못하느뇨?'(고전 3:16)

당신은 누구인가? 교인인가? 성도인가?

28. 여리고(Jericho)

▲ 여리고 식당 정원에서 필자. 뒤편에 시험산이 보인다. ⓒ 김환기

여리고는 성경에 많이 등장하는 지역이다. 출애굽한 이스라엘 백성이 40년의 광야 생활을 청산하고, 약속의 땅 '젖과 꿀이 흐르는' 가나안에 첫발을 디딘 도시이다. 그뿐만 아니라 엘리사가 물이 좋지 않아 소금으로 물을 깨끗하게 만들었던 곳이기도 하다(왕하 2장).

신약 성경에는 여리고와 관련된 많은 사건들이 기록되어 있다. 예수님께서 여리고에서 마귀에게 시험을 받았고(마 4장), 세리였던 삭개오를 만나 그에게 새 삶을 주었으며(눅19), 눈먼 사람의 눈을 뜨게 해 주었고, 선한 사마리아 이야기도 나온다(눅 10장).

여리고에 도착하여 식당에 들어갔다. 식당 이름은 'AHABA Temptation'이다. 예수님이 마귀의 시험을 받은 시험산이 바로 앞에 있어, 시험(Temptation)이란 이름을 쓴 것 같다. 식당 앞 정원에는 '엘리사 샘'(Elisha Spring Fountain)이 있었고, 바닥에는 모자이크로 이렇게 기록되었다. 여리고는 해발 - 1300 feet에 있는 가장 낮고, 10,000년이 된 가장 오래된 도시(The lowest place on earth 1300 feet below seaslevel, 10,000 years old, blessed peace from the oldest city).

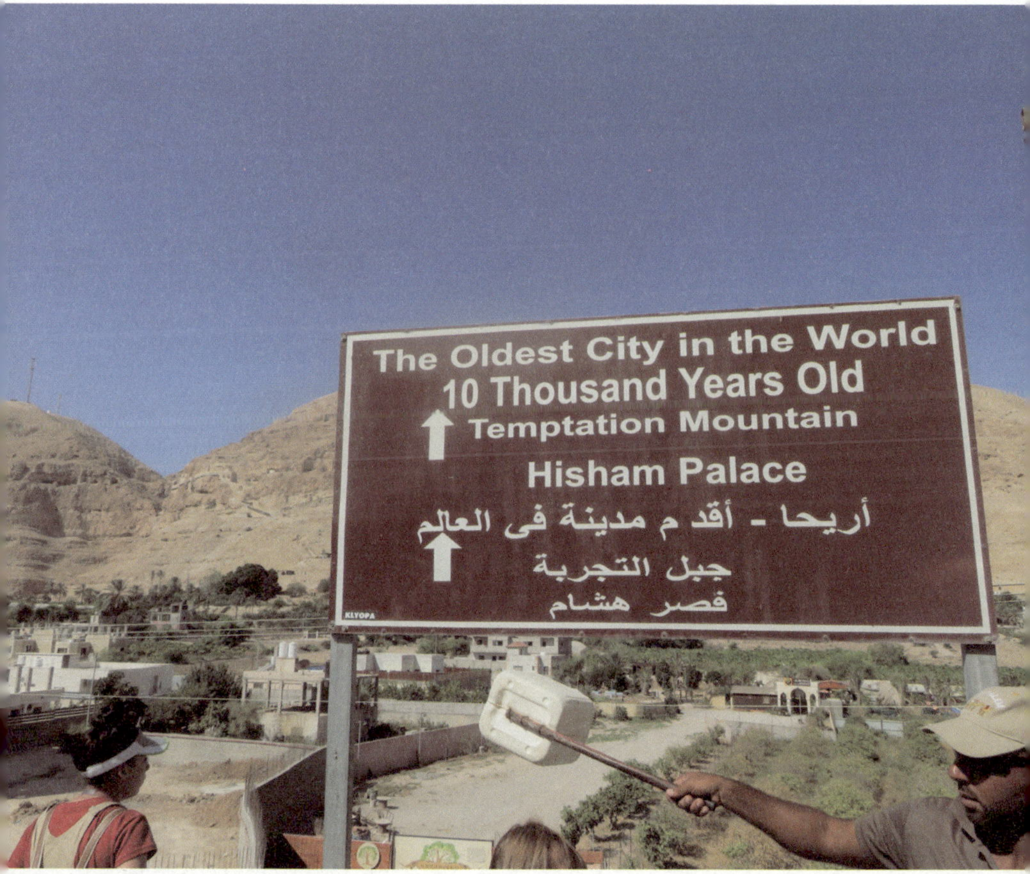
The Oldest City in the World
10 Thousand Years Old
Temptation Mountain
Hisham Palace
أريحا - أقدم مدينة فى العالم
جبل التجربة
قصر هشام

▲ 시험산 표지판 ©김환기

여리고 성벽(Jericho Rampart)

▲ 여리고 성벽 ⓒ 김환기

여리고의 유적지를 돌아보았다. 입구에 여리고 역사에 대한 입간판이 있었다. '혹시 여호수아의 이야기가 있지 않았을까' 하는 기대감으로 몇 번을 읽었지만 헛수고였다. 여리고의 역사를 BC 8500년부터

AD 750년까지의 역사를 8기로 나누어 설명했다.

여호수아의 활동 연대는 대략 주전 1485-1375년이다. 이때는 중기 청동기 시대(Middle Bronze age)이다. 당시 여리고에는 견고한 성벽(Rampart)이 있었다. 언제, 어떻게 무너졌는지에 대한 기록은 없었다. 하지만 성서에는 여리고 성이 어떻게 무너졌는지 상세하게 기록이 되어 있다.

하나님의 작전에 따라 이스라엘 백성들은 하루에 한 번씩 성을 돌다가, 마지막 7번째 날에는 7번 성을 돌고, 제사장들이 일제히 나팔을 불면서 백성들이 한꺼번에 소리를 지르니 난공불락의 여리고 성이 무너진 것이다.

나는 여호수아 6장을 읽을 때마다 '그때 백성들이 무슨 소리를 질렀을까' 궁금했다. '무너져라? 넘어져라? 자빠져라? 깨져라?' 도대체 뭘까?

시드니 관광 명소인 '블루 마운틴'(Blue Mountain)의 '세자매봉'(three sisters rock)에 관한 전설이 있다. '부족 간의 원수였던 남녀가 서로 사랑을 했다. 사랑해선 안 될 사람을 사랑한 것이다. 남자 부족에서 여자를 데려오기 위해 전쟁을 선포했다. 여자 부족의 마술사는 전쟁이 끝날 때까지 주문을 외워 세 자매를 바위로 만들었다.

28. 여리고(Jericho)

전쟁이 끝난 후 세 자매를 원상태로 복귀시키려고 했으나, 마법사가 주문을 잊어버렸다. 별별 주문을 다 외웠지만 결국 풀지를 못하고 오늘에 이르게 되었다.

블루 마운틴 관광센터에서는 혹시 관광객 중에 주문을 알고 있는 사람이 있더라도, 제발 풀지 말라고 부탁했다. 세자매봉이 없으면 관광 수입이 준다나 뭐라나...'

돌무화과나무(Sycamore fig Tree)

무너진 여리고 성의 잔해는 구도시에 있고, 삭개오가 올라갔던 뽕나무는 신도시의 큰 길가에 있다. 예루살렘으로 돌아가는 길에 이곳을 들렸다. 나무 주위는 들어가지 못하게 펜스가 쳐 있었다. 뽕나무 아래에는 누가복음 19장의 말씀을 기록한 선간판과 당시의 상황을 그린 바위가 있었다.

삭개오는 세리장이었고 부자였다. 예수님이 여리고를 지나간다는 말을 듣고 보고자 했으나, 키가 작고 사람이 많아 볼 수가 없었다. 그는 길옆에 있는 뽕나무에 올라갔다. 삭개오가 올라갈 정도로 큰 나무였는데, 2,000년이 지난 지금도 별다른 차이가 없는 것 같다.

"정말 그 나무가 이 나무일까?" 길가에 있던 중년의 여인이 나무 열매를 사라고 한다. '뽕나무 열매'인 '오디'는 큰 포도알 정도의 크기인데, 이분이 팔려는 것은 '모과'보다 더 큰 열매였다. 그렇다면 도대체 이 나무의 정체는 무엇인가?

▲ 삭개오 뽕나무 ⓒ김환기

28. 여리고(Jericho)

개역성경에는 '뽕나무'라고 했지만, 정확하게 번역하면 '돌무화과 나무'다. 그래서 개역개정과 공동번역에는 '돌무화과나무'라고 번역했고, NIV 성경에는 'sycamore fig tree', KJV엔 'sycamore tree'라고 했다.

시험산(Mount of Temptation)

예수께서 세례를 받으신 후, 성령의 충만함을 입어 요단강에서 돌아오사 광야에서 사십 일 동안 성령에게 이끌리시며 마귀에게 시험을 받았던 곳이다. 성경이나 다른 자료들에서는 예수님이 정확히 어느 곳에서 40일간 금식을 하고 시험을 받으셨는지 찾아볼 수 없다.

다만 구전에 의하면 여리고 옛 도시 뒤편에 깎아지른 듯 높이 솟아 있는 카란탈 산이 예수님께서 마귀의 유혹을 받던 산이라고 전해지고 있다. 영어로 'mount of temptation' 우리말로는 '시험산'이다.

산이 높아서 정상까지 올라가는 케이블카가 있다. 케이블카 출발 지점에 한글로 '여리고 시험산 기도원'이라는 플래카드가 붙어 있는 것이 아닌가! 전화번호와 함께 목사의 이름도 있었다. '시험산 기도원' 가서 기도하면, 예수님이 마귀를 물리쳤던 능력을 받을 것 같은데 안타깝게도 그럴 시간이 없었다.

한글로는 구분되지 않지만, 영어는 시험을 temptation과 test로 구분한다. test는 외적 시련으로 인내와 신앙적 성숙을 가능케 하는 연단의 계기가 되지만, temptation은 내적 시련으로 각 개인의 마음속에서 내재해 있는 욕심 때문에 생기는 유혹으로 인간의 죄성에서 기인한다.

야고보서 1장 2, 3절을 보면 "내 형제들아, 너희가 여러 가지 시험을 당하거든 온전히 기쁘게 여기라, 이는 너희 믿음의 시련이 인내를 만들어 내는 줄 너희가 앎이라"에서 시험과 시련에는 trial 또는 test로 썼지만, 야고보서 1장 13절 "사람이 시험을 받을 때 내가 하나님께 시험을 받는다 하지 말지니 하나님은 악에게 시험을 받지도 아니하시고 친히 아무도 시험하지 아니하시느니라"에는 temptation을 사용했다.

28. 여리고(Jericho)

▲ 예수님께서 40일 동안 성령에게 이끌리며 마귀에게 유혹을 받았던 '시험산' 전경 ⓒ김환기

선한 사마리아인(Good Samaritan)

누가복음 10장 선한 사마리아인의 비유가 나온다. 예루살렘에서 여리고로 내려가는 어떤 사람이 있었다. 예루살렘은 해발 762m, 여리고는 250m의 저지대로 두 지역 간의 거리는 36km이다. 길이 가파르고 길옆에 암석이 많아 도둑들이 자주 출몰하였다. 이 사람은 도상에서

강도를 만났다. 모든 것을 빼앗기고 만신창이가 되어 죽어가고 있었다.

마침 한 제사장이 그 길을 내려가다가 그를 보았으나 피하여 지나갔다. 얼마 후 레위인이 그곳을 지나갔지만, 마찬가지로 피하여 갔다. 이제 희망이 절망으로 변해갈 때 어떤 사마리아 사람이 지나가다, 그를 보고 불쌍히 여겨 가까이 가서 상처를 싸매줄 뿐 아니라, 자기 짐승에 태워 주막으로 데리고 가서 돌보아 주었다.

이튿날 길을 떠나기 전 주막 주인에게 부탁하고, 돈이 더 들면 돌아와서 갚겠다고 했다. 그리고 예수님은 자기를 시험하던 율법사에게 질문했다. "이 세 사람 중 누가 강도 만난 자의 이웃인가?" "자비를 베푼 자니 이다." 그들의 대답을 들으신 예수님은 "가서 너도 이처럼 하라"고 말씀하셨다.

우리는 가끔 길에서 강도 만난 사람들을 만날 때 이런 질문을 한다. "하나님, 무슨 조처를 하셔야지 않겠습니까? 언제까지 보고만 있으시겠습니까?" 이때 하나님은 우리에게 이런 말씀을 하실 것이다. "그래서 내가 너를 그곳에 보내지 않았느냐!"

29. 나사렛(Nazareth)

▲ 나사렛 수태고지 교회 ⓒ김환기

나사렛은 예루살렘에서 사마리아 산간지방을 거쳐 북쪽으로 약 137km 정도 떨어진 곳에 있다. 예루살렘에서 버스로 약 두 시간 넘게 달려간 것 같다. 나사렛에 도착할 무렵 길가에 큰 LG 간판을 보고 무척 반가웠다. 이곳은 갈릴리 산간지방, 해발 약 375m의 분지 위에 있다.

나사렛은 특이하게도 아랍 사람들이 대다수를 차지하는 마을이지만 아랍인의 60% 정도는 기독교인으로 살아가고 있다. 유대인은 산등성이에 새로이 정착하고 있다. 나사렛은 예수께서 출생 후 잠시 애굽으로 피난했던 때를 제외하시고는 유년기를 거쳐 성년이 되기까지 일생을 보낸 고향이다. 베들레헴 말구유에서 태어난 예수는 헤롯의 박해를 피하여 애굽으로 피난 갔다가, 주의 사자가 이르는 대로 이스라엘 땅에 되돌아와서 정착한 것이다(마2:14~23).

따라서 예수의 성장기의 삶을 상상해 볼 수 있는 곳이다. 이곳에는, 가브리엘 천사가 마리아에게 수태를 알렸다고 전해지는 곳에 세워진 '수태고지 교회', 요셉이 목수 일을 하던 집터 위에 세워진 '성 요셉 교회' 등 예수와 관련된 관한 많은 유적이 남아 있다.

29. 나사렛(Nazareth)

수태고지 교회(Basilica of the Annunciation)

교회 앞 안내 표지판에 의하면 초기 1세기와 2세기에는 '성모의 집(The House of the Virgin Mary)으로 예배를 드리는 장소였다. 그 후 AD 427년 처음으로 비잔틴 교회가 지어졌고, AD 12세기에는 십자군에 의하여 파괴된 비잔틴 교회 위에 다시 십자군 교회를 건립했다.

오늘의 수태고지 교회는 1969년에 이탈리아의 무지오에 의해 설계된 것으로 이스라엘에 있는 기념 교회 중에 가장 큰 규모를 자랑하고 있다. 나사렛이 기독인들의 순례지로서 주목을 받는 것은 천사 가브리엘이 다윗의 자손 요셉과 정혼한 처녀 마리아에게 아들을 낳을 것을 계시해 준(눅 1:26-38, 마 1:19~25) 곳이기 때문이다.

교회 안과 밖은 세계 각국에서 보내온 성화로 장식이 되어 있다. 대부분의 성화는 성모가 아기 예수를 안고 있는 장면이다. 각 나라의 전통복을 입고 있는 아기 예수와 성모 마리아가 작가의 상상력에 따라 독특한 모양으로 표현되어 있다.

▲ 수태고지 교회 ⓒ김환기

한국에서 보낸 것은 한복으로 곱게 단장한 마리아가 색동옷으로 곱게 입은 아기 예수를 안고 있는 모습이다. 또한, 무궁화를 배경으로 한 액자 아래에는 한글로 '평화의 모후여 하례하나이다'라고 쓰여 있다. 일본에서 보낸 액자에는 기모노를 입고 있는 마리아가 아기 예수를 안고 있다.

29. 나사렛(Nazareth)

▲ 수태고지 교회 안에 한복을 입은 마리아와 아기 예수의 성화가 걸려 있다.
ⓒ김환기

    교회의 정면에는 가브리엘 천사가 마리아에게 예수의 수태 소식을 전해주는 장면이 보이고 교회의 뾰족한 지붕이 60m 높이 솟아 있다. 교회 안에 들어서서 첨탑을 올려다보면 마치 백합꽃을 거꾸로 달아놓은 것 같아 하늘로부터 백합꽃이 내려오고 있는 느낌을 주는데, 이 모습은 세상에 내려오신 예수를 상징하는 것이다.

성 요셉 교회 (The Church of St. Joseph)

▲ 성 요셉 교회 ⓒ김환기

같은 울타리 안에 요셉의 집터가 있고 이곳에 성 요셉 교회를 세웠다. 교회 입구에 요셉, 마리아, 어린 예수가 함께 서 있는 동상이 있다. 옆으로 가면 요셉이 살았을 것이라 추정되는 동굴로 갈 수 있다. 당시의 도덕적, 종교적인 형편으로서는 정혼한 여자였던 마리아가 결혼하기 전에 아이를 수태한 것은 도저히 용납될 수 없는 일이었다.

'요셉은 의로운 사람이라 저를 드러내지 아니하고 가만히 끊고자 하였다'(마1:19)고 했다. 그러나 꿈속에서 '마리아'가 성령으로 잉태하였다는 말을 듣고, 요셉은 이를 묵묵히 받아들이고 가정을 지켜 '성가정'이란 이름이 붙여졌다. 그래서 이 교회를 방문하는 순례객들은 가정의 평화를 기원하는 기도를 드린다.

모든 인간은 가정 안에서 태어나고 자라며 성인이 되면 또 새로운 가정을 이룬다. 가정은 전체 사회 개체 중에서 가장 핵심적인 소집단으로서 가장 구성원 간에 인격적인 결속력이 가장 강한 일차적 집단이다.

가정은 신앙 공동체이며, 교육 공동체이고, 부모는 최초의 교사이다. 부모는 아이의 건강한 '일차적 사회화'를 책임지고 있다. 가정 공동체가 병들면 2차 공동체인 교회도, 사회도 건강할 수 없다. 따라서 가정의 건강은 교회의 건강이요, 교회의 건강은 곧 사회의 건강이다.

예수의 고향(Hometown of Jesus)

시드니에는 한국과 비슷한 이름을 가진 곳이 여러 곳 있다. Ashfield는 재동, Bankstown은 은행동, Kings Cross는 왕십리, Black Town은 흑석동이다. 나는 동대문구 창신동에서 태어났지만, 자라기는 흑석동에서 자랐다. 내가 아기 때 흑석동으로 이사 와서 창신동에 대한 기억은 전혀 없다. 그래서 내 고향은 흑석동이다.

예수님도 태어나기는 베들레헴에서 태어나셨지만, 공생애를 시작하기 전까지는 어린 시절을 나사렛에서 보내셨기에 나사렛을 예수님의 고향이라고 한다. 하지만 예수님은 고향에서 환영받지 못했다. 오히려 그들은 예수님의 설교가 귀에 거슬려서 언덕으로 끌고 가서 떨어뜨리려고 했다.

'내가 진실로 너희에게 이르노니 선지자가 고향에서 환영을 받는 자가 없느니라'(눅4:24)

당시 나사렛은 주목받는 도시가 아니었다. 제자가 된 빌립이 예수님을 처음 만나고 너무 기뻐서 자기 친구 나다나엘을 찾아가 초대를 했다.

"우리가 메시아를 만났소. 나사렛 동네에 사는 요셉의 아들 예수라는 분이다."

29. 나사렛(Nazareth)

이때 나다나엘은 "나사렛에서 무슨 선한 것이 날 수 있겠느냐"고 반문하였다(요 1:46).

이 장면을 유추하여 보면 나사렛은 보잘것없는 작은 마을이었을 것이다. 하나님은 사람들이 작다고 업신여기는 바로 그 나사렛을 통하여 인류 구원의 역사를 예비하셨다. "세상의 미련한 것을 택하사 지혜 있는 자들을 부끄럽게 하려 하시고 세상의 약한 것을 택하사 강한 것들을 부끄럽게 하시며, 하나님께서 세상의 천한 것들과 멸시받는 것들과 없는 것들을 택하사 있는 것들을 폐하려 하시나니 이는 아무 육체라도 하나님 앞에서 자랑하지 못하게 하려 하심이라"(고전1:27-29)

구세군의 창립자는 윌리엄 부스(William Booth)이다. 그는 영국 중부 노팅햄의 가난한 가정에서 태어났다. 돈이 없어 학업을 계속하지 못하고 13살 때 전당포 견습생으로 일을 해야 했다. 그는 15살 때 감리교에서 회개하고 하나님께 온전히 헌신했다. 하나님은 가난을 누구보다 잘 알고 있는 그를 통하여 억눌리고, 가난하고, 소외된 자를 위하여 구세군을 세우셨다.

누가 암 환자를 가장 잘 위로할 수 있겠는가? 암을 이겨낸 사람이 아니겠는가! 알코올 중독자는 어떤가? 마약 중독자는 또 어떤가?

사관학교 때 청송에 있는 교도소를 방문한 적이 있다. 그곳에서 교도소에 갔던 경험이 있는 사관학생이 간증을 했다. 그날 많은 수감원들이 감동을 하고 예수를 믿겠다고 결심했다.

우리가 원하든 원치 않든 남들과 다른 경험을 한 것은 사명이다. 설령 그것이 고난일지라도 그렇다. 하나님은 결코 목적 없는 고난을 우리에게 허락하시는 분이 아니기 때문이다.

30. 베들레헴(Bethlehem)

  예루살렘에서 베들레헴까지는 가깝지만 아주 먼 길이다. 베들레헴은 이스라엘의 통치를 받는 '자치지구'이다. 베들레헴 입구에는 삼엄한 검문과 함께 높은 담이 가로막고 있다. 베들레헴은 1949년 제1차 중동전쟁 뒤 요르단에 속했었으나, 1967년 제3차 중동전쟁(6일 전쟁) 이후에는 이스라엘이 점령하였다.

  베들레헴은 1993년 이스라엘과 팔레스타인 간의 오슬로 평화협정 후 1995년 12월 팔레스타인 자치 지역이 되어 현재는 이스라엘 통치권과는 상관이 없이 팔레스타인 자치정부의 영향 아래 있다. 주민들 대부분 팔레스타인으로서 무슬림(약 80%), 기독교(대부분이 구교 계통 20%)로 구성되어 있다.

  지금은 인구 3만여 명의 작은 도시가 9m 높은 분리장벽에 둘러싸여 '육지 속의 섬'이 되었다. 분리장벽은 이중으로 되어 있어서 두 번의 엄격한 검문을 거쳐야만 베들레헴으로 들어갈 수 있다. 이곳을 지나는 차량도 마찬가지이다. 차량 번호판의 색깔에 따라 검문의 수위

도 아주 다르다.

팔레스타인은 '특별 취업 허가증'을 받지 못하면 예루살렘에 관광 조차 갈 수 없다. 둘 사이의 거리가 8km도 안 되는 곳이지만 평생 예루살렘 한 번 가보지 못하고, 대부분의 팔레스타인은 베들레헴에서 태어나 그곳에 뼈를 묻는다.

베들레헴(Bethlehem)

▲ 예수 탄생 교회 입구 ⓒ김환기

예루살렘에서 남쪽으로 8km 떨어진 곳에 있는 작은 도시이다. 히브리어로 베들레헴은 '떡의 집'을 의미한다. 이곳은 또한 '열매가 풍성함'을 의미하는 '에브랏'이라 불리기도 한다. 예수 그리스도는 베들레헴에서 태어났다(미 5:2; 마 2:1~8).

'떡의 집'에서 '생명의 떡'이 되신 예수 그리스도께서 탄생하신 것이다. 이곳은 아주 오래된 고대 도시로 성서에서 여러 차례 언급되고 있다. 베들레헴 근처에서 라헬이 죽어 묻혔으며(창 35:19; 48:7), 사사기 19장에 나오는 한 레위인의 첩이 베들레헴 출신이다. 또한, 룻기의 배경이 베들레헴이며, 룻의 자손인 다윗이 베들레헴에서 태어나 사무엘에 의해 기름 부음을 받았다(삼상 16:1~13).

한때 이곳은 블레셋 사람들에게 점령되기도 했는데, 다윗의 용사 중 세 명이 적진을 뚫고 이곳의 우물물을 떠서 다윗에게 '고향의 물'을 바쳤다고 기록되어 있다(삼하 23:14~17). 남북 왕국이 분열된 뒤 르호보암에 의해 요새화되기도 했던(대하 11:6) 그러나 1,000년 동안 베들레헴은 예루살렘 근교에 있는 작은 마을로 남아 있었다.

BC 6세기 말에는 바벨론에서 귀환한 123명의 사람만이 이곳에 살았다. 이때 미가 선지자는 이 작은 수의 귀환에도 불구하고 큰 예언을 한다. 베들레헴은 다윗의 고향으로 메시아가 태어날 곳으로 기대되었다(미 5:2~5, 마 2:6, 요 7:42). 이 메시아의 탄생에 대한 마태복음과 누가

복음의 이야기는 신약에서 가장 사랑받는 부분 중 하나로, 그 배경인 베들레헴은 기독교인들에게 잘 알려진 장소 중의 하나가 되었다.

예수 탄생 교회(Church of the Nativity)

▲ 예수 탄생 교회 내부 ⓒ김환기

30. 베들레헴(Bethlehem)

'예수 탄생 교회'는 로마 콘스탄틴 황제의 어머니, 헬레나가 아기 예수가 태어난 곳으로 추정되는 마구간으로 쓰이던 동굴 위에 AD 339년에 교회를 지었다. 그 후 사마리아인들에 의해 파괴되었다가 527년 '유스티니아누스 황제'가 재건했다. 614년, 페르시아인들이 세력을 얻자 대부분의 다른 교회들처럼 훼파될 위기를 맞이했으나, 이 교회 내부에 있는 페르시아식 '마기'(Magi, 동방박사) 모자이크 덕분에 그 형태를 보존하게 된다.

교회 입구의 문은 낮아서 고개를 숙이지 않으면 들어갈 수 없다. 그래서 '겸손의 문'이라는 별명을 가지고 있다. 겸손이란 무엇인가?

성 어거스틴이 어느 날 자기 제자에게 이런 질문을 받았다.

"선생님, 그리스도인들의 최고의 덕목은 무엇입니까?"
어거스틴이 대답했다.
"첫째가 겸손이다."

"그러면 둘째는 무엇입니까?"
"둘째도 겸손이다."

"셋째는 무엇입니까?"
"셋째도 겸손이다."

"그러면 겸손의 반대는 무엇입니까?"
"교만이다."

제자는 다시 물었다.
"선생님, 그러면 교만이란 무엇입니까?"

어거스틴의 대답은 매우 의미심장했다. "스스로 겸손하다고 생각하는 자가 교만한 자이다."

겸손과 교만은 백지 한 장 차이이다. 어떤 사람이 선한 일을 했다. 그 일을 자기 입으로 말하면 교만이고, 다른 사람이 말해주면 겸손이다.

예수님을 만나려면 반드시 겸손의 문을 통과해야 한다. 예수님은 낮은 곳으로 임하셨기에 우리가 낮아지지 않으면 그분을 만날 수 없다.

30. 베들레헴(Bethlehem)

은별(Silver Star)

▲ 예수 탄생 교회 안으로 들어가면 예수님이 탄생한 곳에 '은별'이 있다. 다윗의 별이 6각인 반면 베들레헴의 별은 14각이다. ⓒ김환기

안으로 가면 예수님이 탄생한 곳에 '은별'(silver star)이 있다. 은별 둘레에는 라틴어로 "여기서 예수 그리스도가 동정녀 마리아에게서 탄생

하셨다"라고 쓰여 있다. '다윗의 별'이 6각인 반면에 '베들레헴의 별'은 14각이다. 이는 예수의 수난과 죽음을 상징하는 십자가의 길 14처, 아브라함에서 다윗까지 14대, 다윗부터 바빌론 유배까지 14대, 그 후부터 예수까지 14대를 가리킨다.

별을 따라 베들레헴에 온 '동방박사'가 누구인지 성서는 구체적으로 언급하고 있지 않다. 유대인 역사학자 '요세푸스'는 동방박사는 '조로아스터교'의 사제라고 한다. 아마 이들은 별을 연구하는 사람들이었을 것이다. 점성술(astrology)과 천문학(astronomy)은 별에 접근하는 방법이 다르다. 점성술이 철학적이며 종교적으로 별을 연구하는 반면, 천문학은 과학적이며 분석적으로 연구한다.

점성술에 의하면 천제가 한 번 도는 데에는 21,800년이 걸린다고 한다. 이것을 12로 나누게 되면 2,150년마다 별자리가 바뀐다. 'New Age'란 용어는 점성술에서 나왔다. 12 별자리는 각각의 이름을 가지고 있다. 점성가(astrologist)에 의하면 지금 시대가 '물고기자리'(pisces)에서 '물병자리'(aquarius)로 옮겨지는 '새시대'(new age)이다. 물고기자리 2000년 전 예수가 이 땅에 탄생할 시기를 말하고 있다. 공교롭게도 당시 기독교의 상징이 물고기였다. 하지만 이들은 '기독교 세계관(christian worldview)'과는 아주 다른 세계관을 가지고 있다.

30. 베들레헴(Bethlehem)

다윗의 세 용사

▲ 다윗의 우물 성문 ⓒ김환기

베들레헴 사람 이새의 아들 다윗은 베들레헴에서 태어났으며, 그 지역에서 자기 아버지의 양들을 돌보았고 나중에 그곳에서 사무엘에 의해 장래의 이스라엘 왕으로 기름 부음을 받았다. 후에 다윗은 블레셋과 전투 중에 블레셋 사람들의 부대가 주둔하고 있던 지역에 있는 물을 마시기 원하였다.

이때 세 명의 용사가 죽음을 무릅쓰고 그곳에 가서 우물물을 길어 가지고 왔다. 하지만 다윗은 마시기를 기뻐하지 않고 "여호와여, 내가 나를 위하여 결단코 이런 일을 하지 아니하리이다. 이는 목숨을 걸고 갔던 사람들의 피가 아니니이까" 하고 그 물을 여호와 앞에 부어 드렸다(삼하 23:14,15, 대상 11:16,17).

다윗은 문무를 겸비한 사람이다. 시편의 150편 중 73편을 쓸 정도로 문필가였고, 기골이 장대한 골리앗을 넘어트릴 수 있는 무장이다. 어디 그뿐인가? 다윗은 '음악가'이기도 하다. 사울이 귀신 들려 괴로워할 때 하프를 연주함으로 악귀를 쫓아내기도 했다. 아마 다윗이 최초의 '음악 치료사'가 아닌가 생각한다.

이스라엘은 다윗 왕 때 최고의 전성기를 누렸다. 이밖에도 다윗의 업적은 이루 헤아릴 수가 없다. 하지만 나는 다윗의 진정한 위대성은 다른 곳에 있다고 생각한다. 그는 나단이 자신의 죄를 지적하였을 때, 눈물로 침상을 적시며 통회한 사람이다.

자신의 유익을 취하기보다는 부하의 심정을 배려해 줄 수 있는 사

30. 베들레헴(Bethlehem)

람이다. 개인의 감정을 앞세우지 않고 하나님의 뜻을 먼저 구했던 사람이다.

다윗은 적을 이겨 위대한 사람이 아니라, 자신을 이겨 위대한 사람이다.

31. 헤브론(Hebron)

   1947년 11월 29일 유엔은 팔레스타인에 분리 국가를 명령하였으나, 당시 아랍국가들은 이를 수용하지 않았다. 이듬해인 1948년 5월 이스라엘은 단독으로 국가를 세웠다. 이에 반발한 주변 아랍국들은 1973년까지 이스라엘과 계속된 4차의 중동전쟁을 벌였다. 하지만 아랍국가는 유엔이 지정한 땅마저 이스라엘에게 빼앗겼다. 특별히 이스라엘은 1967년 6일 전쟁으로 알려진 제3차 중동전쟁 이후 가자지구와 요단강 서안(West Bank), 동예루살렘을 점령한 후 오늘까지 돌려주지 않고 있다.

   이후 팔레스타인을 대표하는 정치 조직인 '팔레스타인 해방기구'(PLO)를 출범하여 팔레스타인의 독립을 위해 부단히 노력한 결과 1974년 유엔에서 PLO는 '옵서버 단체'로 인정받게 되고, 2012년 11월 29일 팔레스타인이 유엔 총회에서 '옵서버 국가'의 지위를 얻게 되었다. 유엔 총회는 팔레스타인의 지위를 '참관국'으로 격상한다는 내용의 결의안을 표결에 부쳐, 미국과 이스라엘의 강력한 반대에도 불구하고 찬성 138표, 반대 9표, 기권 41표로 통과시켰다.

유엔이 팔레스타인을 유대국가와 아랍국가로 분할한다는 계획을 승인한 지 65년 만의 일이다. 이제 팔레스타인이 국제사회에서 사실상 국가로 인정을 받게 된 것이다. 앞으로 팔레스타인은 '단체가 아닌 국가'의 지위를 가지고 이스라엘과 협상할 것이다.

▲ 헤브론 막벨라 동굴 입구 ⓒ김환기

헤브론(Hebron)

헤브론은 요단강 서안 지역의 중심 도시이다. 이곳은 팔레스타인 자치구역이지만 출입은 이스라엘이 통제하고 있다. 베들레헴에서 이곳까지는 약 20km 정도 된다. 헤브론 입구 검문소에 무장한 이스라엘 군인들이 검문하고 있었다. 택시 기사는 관광객을 태운 택시는 통과하지만, 팔레스타인 사람이 혼자 운전하는 빈 택시는 들어갈 수 없다고 했다.

헤브론은 성경에 나오는 도시 중 가장 오래된 도시들 가운데 하나이다. 아브라함, 이삭, 야곱 그리고 다윗과 관련되어 있어, 유대인들에게는 예루살렘 다음으로 중요한 성지이며 조상들의 영원한 고향이다.

'헤브론'이라는 이름은 서부 셈족어에서 유래하는 어원을 가지고 있는데, 헤브론의 철자 'Hebron'에서 각 음절 'hbr'은 '동료', '결합', '친구'라는 뜻의 어원을 가지고 있다. 아랍인들은 헤브론을 '아브라함 알-칼리'(Ibrahim al-Khalil)라고 부르는데, 이것은 '친구 아브라함'을 의미한다. 이슬람에서는 하나님께서 아브라함을 그의 친구로 선택하셨다고 가르치고 있다. 그래서인지 막벨라 동굴 입구에 '아브라함의 모스크'라고 쓴 안내판이 서 있다.

31. 헤브론(Hebron)

아브라함과 헤브론

족장들의 도시인 헤브론의 역사는 이집트에 내려갔던 아브라함이 장막을 옮겨, 해발 950m의 헤브론에 있는 마므레 상수리 수풀에 거하므로 시작되었다(창 13:18~33). 아브라함의 부인 사라는 헤브론에서 살다가 숨을 거두었다. 이때 아브라함은 사라를 매장할 땅이 없어 헤브론의 원주민에게서 은 400 세겔의 비싼 값을 주고 샀다(창 23:16-18). 아브라함이 사라의 매장지로 산 땅은 헤브론의 '막벨라 동굴'이었다.

고대 이스라엘의 매장지는 동굴무덤이었다. 이 막벨라 동굴은 그 후 아브라함 일가의 가족묘지가 되었다. 아브라함도, 그 아들 이삭과 그의 부인 리브가도 그곳에 묻혔다. 또 야곱과 그의 부인 레아도 '막벨라 동굴'에 안장되었다. 이렇게 이스라엘의 3대에 이르는 조상과 부인들이 묻혀 있는 헤브론의 '막벨라 동굴'은 이스라엘 사람들의 성지가 되었다.

▲ 아브라함과 사라·이삭과 리브가 그리고 야곱과 레아 이렇게 이스라엘의 3대 족장이 묻혀 있는 헤브론의 막벨라 동굴. ⓒ김환기

다윗과 헤브론

이스라엘 역사에서 헤브론은 다윗 왕과 깊은 관련이 있다. 다윗왕이 기름 부음을 받아 왕으로 임명되었다(삼하 2:1~4). 다윗 왕이 유다 왕으로 7년 반 동안 헤브론에서 통치하였다(삼하 5:44).

31. 헤브론(Hebron)

한편 유다 지파를 제외한 11 지파로 연합한 이스라엘 왕인 사울과 요나단을 비롯한 삼 형제가 길보아 전투에서 모두 죽는다. 사울의 넷째 아들인 '이스보셋'을 통하여 나라의 재건을 꿈꾼다. 하지만 그는 이스라엘을 다스릴 수 있는 인물은 되지 못했다.

당숙인 '아브넬'이 실질적으로 통치하고 있었으나, '이스보셋'과의 갈등으로 인하여 '아브넬'은 다윗에게 투항했다. 하지만 아브넬은 다윗의 오른팔인 요압 장군에 의하여 죽고, '이스보셋'은 '레갑과 바아나'에게 암살당한다. 이들은 상을 받을 줄 알고 다윗에게 '이스보셋'의 목을 받쳤다. 하지만 다윗은 자신들의 통치자 '이스보셋'을 배반하여 죽인 죄목을 들어 두 사람을 모두 사형에 처했다(삼하 4장).

다윗은 통일왕국의 왕이 된 후 다윗은 수도를 '헤브론'에서 '예루살렘'으로 옮겼다. 이후로 다윗은 그곳에서 33년간의 통치를 한다. 다윗으로 인하여 예루살렘은 정치, 경제, 군사 그리고 종교의 중심 도시로 발돋움하게 된다. 그러나 헤브론은 다윗에게 수난과 슬픔을 안겨준 곳이기도 하다. 다윗 왕에게 반란을 꾀한 셋째 아들 압살롬이 반란을 일으켰던 곳도 헤브론이었다(삼하 5:44).

헤롯왕과 헤브론

예수 탄생 당시 가나안 지역을 통치했던 헤롯왕은 유대인들의 환심을 사기 위해서 그들이 귀중하게 여기는 막벨라 동굴 위에 웅장한 건물을 지었다. 이 건물은 2천 년을 지내오는 동안 지금까지 한 번도 파괴되지 않아 헤롯왕이 건축한 많은 건물 가운데 유일하게 원형이 보존되어 있다.

길이 30m, 폭 22m, 높이 18m쯤인 건물의 안으로 들어가면 중앙에 아브라함과 사라의 무덤이 있고, 그 좌우에 각각 이삭과 리브가의 무덤, 야곱과 레아의 무덤이 있다. 물론 실제 무덤이 아닌 기념묘이다. 실제 무덤은 이 건물의 지하층 동굴 부분에 있지만 내려가 볼 수는 없다. 14세기 아랍인 통치자들이 무덤이 있는 지하 동굴 쪽으로 내려가는 입구를 폐쇄한 것이 오늘날까지 그대로 유지되고 있기 때문이다.

원래 이곳은 아랍인들이 관리하였으나 6일 전쟁 후 반은 회당으로 나머지 반은 모스크로 사용하고 있다. 내가 도착한 시간은 무슬림의 기도시간이라 모스크로 들어갈 수 없었다. 나는 다른 입구로 유대인의 회당에 들어갔다. 많은 사람이 토라(Torah)를 읽으며 기도를 열심히 하였다. 창살 너머 아브라함의 무덤이 보였다. 이곳은 '아브라함과 사라'의 무덤을 중심으로 '모스크와 회당'으로 갈라져 있다.

31. 헤브론(Hebron)

▲ 아브라함의 무덤 창살. 유대인 쪽에서는 창살을 통해서만 볼 수 있다.
ⓒ김환기

막벨라 동굴은 '회당과 모스크'가 함께 공존하는 세계 유일의 장소이다. 만약 같은 빌딩에 '모스크, 교회, 회당'이 함께 있다면 어떤 일이 벌어질까? 한 건물을 사용하는 이맘과 신부와 랍비가 함께 모였다. 이들은 헌금을 어떻게 하는지 서로 궁금했다.

'이맘(Imam)'이 말을 꺼냈다. "나는 원을 그린 후 주머니에 있는 돈을 하늘로 던져, 원 안에 떨어진 것을 하나님 것으로 생각하고 헌금합니다."

가톨릭 '신부(Priest)'가 말을 이었다. "나는 그 반대입니다. 원 밖에 있는 것을 하나님께 드립니다."

이때 유대교 '랍비(Rabbi)'는 책망하며 이렇게 말했다. "그것은 비성서적입니다. 성서적으로 합시다. 나는 돈을 던져서 하늘에 있는 것은 하나님 것, 땅에 떨어진 것은 내 것으로 생각합니다."

32. 요단강(Jordan River)

▲ 예수께서 세례 요한에게 세례를 받으신 요단강. 지금도 수많은 사람이 이곳에서 침례(세례)를 받고 있다. ⓒ김환기

한국에 '한강', 독일에 '라인강'이 있다면, 이스라엘에는 '요단강'(Jordan River)이 있다. 이스라엘의 젖줄이라고 할 수 있는 요단강의 발원은 '헬몬산'(Mt. Hermon)에서 시작된다. 헬몬산의 눈이 녹아 물줄기를 만들고, 상부 요단강을 통하여 갈릴리 호수로 유입된다. 요단강은 갈릴리 호수를 중심으로 '상부 요단강'(upper Jordan River)과 '하부 요단강'(lower Jordan River)으로 구분이 된다.

이 강의 길이는 약 500km, 북쪽의 해발 900m로부터 해발 -210m의 갈릴리 호수, 그리고 -400m의 '사해'(Dead Sea)로 이어지는 가파른 경사지를 따라 흐르고 있다.

성서에는 요단강과 관련된 많은 사건이 있다. '출애굽'한 이스라엘 민족이 요단강을 건너는 장면은 긴장감이 넘친다(수 3:15).

여호수아는 모세가 홍해를 건넌 것처럼 법궤를 앞세워 요단강을 건넜다. 스승인 '엘리야'가 승천하며 제자인 '엘리사'에게 두 배의 축복을 준 사건도 요단강에서 일어났다(왕하 2:13~14). 두 배란 뜻은 단순한 숫자의 의미를 넘어서고 있다. 유대인들은 유산을 상속할 때 장자에게 두 배의 분깃을 주고, 나머지 자녀에게는 공평하게 분배했다.

두 배를 받는다는 것은 후계자라는 뜻이고, 장자란 의미가 있다. 아람왕의 군대 장관인 '나아만'의 한센병이 난 곳도 요단강이다(왕하 5:14).

예수께서 세례 요한에게 세례를 받으신 곳도 요단강이었다(요 1:28).

요단강과 세례터(Baptismal Place)

요르단에서 이스라엘로 건너는 국경에는 다리가 하나 있다. 요르단에서는 '킹 후세인 다리'(King Hussein Bridge), 이스라엘에서는 '알렌비 다리'(Allenby Bridge)라고 부른다. 요르단의 수도인 '암만'(Amman)에서 택시를 타고 이스라엘 국경으로 가는 도중 '예수의 세례 터'라는 푯말을 보았다.

▲ 킹 후세인 다리 ⓒ김환기

이곳이 바로 예수께서 세례받으신 곳이라고 한다. 신약성서에는 '베다니'(Bethany)라는 이름의 두 개의 지명이 언급되고 있다. 하나는 감람산 기슭에 있는 '나사로'를 살리신 마을 베다니(요 11)이고 다른 하나는 요단 동편 지역에 있는 예수께서 세례를 받으셨던 '베다니'이다.

요한복음 1장 28절에는 세례 요한이 세례를 주던 장소에 대해 다음과 같이 말하고 있다.

"이 일은 요한이 세례를 주던 곳으로 요단강 건너편 '베다니'에서 된 일이니라."

베다니는 예수께서 예루살렘에서 박해를 받게 되자 잠시 예루살렘을 떠나 '세례요한'이 세례를 주었던 장소가 다시 성서에 등장한다. '요단강 저편 요한이 처음으로 세례 베풀던 곳에 가사 거기 거하시니'(요 10:40).

이 말씀에 근거해서 베다니를 발견하기 위한 많은 노력이 있었다. 이후 많은 발굴과 노력 끝에 교회, 수로, 세례 터 등의 유적이 다량으로 발굴되어 이를 근거로 남 요단강 계곡지역에 속하는 여리고 맞은편에 있는 현재의 위치를 학자들은 예수께서 세례를 받으셨던 장소인 '베다니'(Bethany)로 부르고 있다.

32. 요단강(Jordan River)

하지만 오늘날 관광객들이 찾는 곳은 이곳이 아니다. 갈릴리 호수 근처에 있는 '세례 터'(Baptismal Place)이다. 이곳에서 예수께서 세례를 받으셨다는 표식은 없지만, 주변 상황을 보면 세례를 받으셨을 것이라는 상상을 하게 만든다. 그곳에는 예수께서 세례받으시는 장면을 기록한 마가복음 1:9-11절의 말씀이 벽타일 위에 여러 나라 말로 쓰여 있다.

한국어는 '상도중앙교회'와 '분당지구촌 교회' 이름으로 두 곳에 있었다.

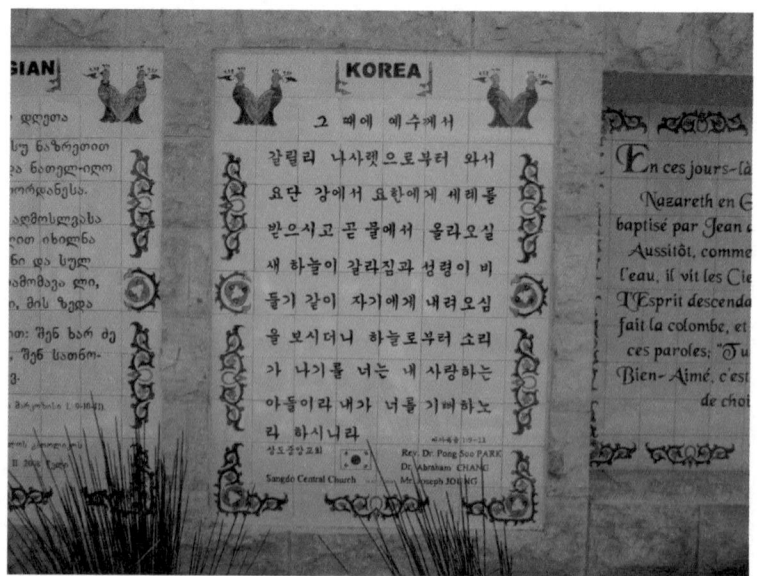

▲ 분당지구촌교회, 상도중앙교회 ⓒ김환기

요단강과 한센병(Leprosy)

　구약성경 열왕기하 5장에 보면 '나아만'이라고 하는 한 장군의 이야기가 소개되어 있다. 그는 용사요, 나라를 구한 영웅이었으며, 왕의 총애를 받는 사람이었다. 그런데 그는 불행하게도 한센병에 걸렸다. 이를 안타까워하던 왕이 그를 이스라엘로 보냈다. 이스라엘 왕은 이를 빌미로 전쟁을 일으키려는 것으로 생각을 하여 두려워했다. 왜냐하면, 이는 인간이 고칠 수 없는 병이었기 때문이다.

32. 요단강(Jordan River)

이를 안 엘리사는 나아만을 자기에게 보내라고 명한 후, 마중 나가지도 않고 요단강에 일곱 번을 담그라고 했다. 자존심이 상한 나아만은 돌아가려 하다가 부하의 만류함을 받아들인다. 그는 '엘리사'의 말에 순종하여 치유함을 받았다.

한센병을 '개역성경'에는 '문둥병'으로 '개역개정'에는 '나병'이라 했다. 하지만 병에 걸린 사람들은 '한센병'(Hansen, Leprosy)이라 불리기를 원한다.

노르웨이 의학자인 '게르하르 아르마우어 한센'(Ger- hard Armauer Hansen)이 '바이러스'에 의해 생기는 병이라는 것을 발견하고 자신의 이름을 따서 '한센병'이라고 명명하게 되었다.

오래전 '여수 애양원'에 갔었다. 이곳은 '사랑의 원자탄'이라고 불리는 '손양원 목사'께서 시무하신 곳이다. 비도 오지 않는데 사람들이 장화를 신고 다니는 것을 보았다. 마중 나온 장로님께 "왜 장화를 신고 다니느냐"고 물었다. "나병이 심한 사람들은 돌부리에 부딪히거나, 나무에 걸려서 피가 나도 느끼지를 못합니다. 사고를 미리 방지하기 위해 장화를 신고 다니는 것입니다."라고 말했다.

요단강과 여호수아(Joshua)

 '여호수아'의 '요단강 도하작전'을 읽노라면, 6•25 전쟁 때 북한군에게 밀려 '한강 도하작전'의 긴박감을 느낀다. 그러나 내 앞에 있는 요단강은 한강이 아니라 큰 개울 수준이다.

▲ 요단강 ⓒ김환기

물론 여호수아 당시의 요단강은 조금 달랐을 것이다. 유대 땅에는 겨울이 우기이며 보리를 거두는 시기인 초봄에는 요단강 물이 항상 언덕에 넘쳤다.

궤를 멘 제사장들의 발이 요단강 물가에 잠기자 곧 북쪽에서 남쪽으로 흘러내리던 물이 그쳐서 심히 멀리 사르단에 가까운 아담읍 변방에서 일어나 쌓였고 아라바의 바다 염해로 향하여 흘러가는 물은 끊어졌다(수 3:1).

여호와의 언약궤를 멘 제사장들은 요단 가운데 마른 땅에 굳게 섰고 이스라엘 백성은 마른 땅으로 향하여 요단을 건넜다. 백성이 다 건너고 언약궤를 맨 제사장들이 요단강에서 나오니 다시 강물이 흐르기 시작했다(수 4:18).

여호수아가 요단강을 건넌 것과 모세가 홍해를 건넌 사건은 유사하다. 어떻게 큰 바다가 갈라질 수 있겠는가? 그래서 성서학자들 사이에는 "갈대바다"(Reed Sea)가 '홍해'(Red Sea)로 잘못 번역되었다'라고 주장하는 사람도 있다. 갈대가 자랄 수 있을 정도의 얕은 바다이기에 건널 수 있었다는 것이다. 그렇다면 한 가지 질문을 던지지 않을 수 없다. "그렇게 얕은 바다에서 어떻게 그 엄청난 애굽 군대가 어떻게 빠져 죽었을까?" 이거야말로 진짜 기적이 아니고 무엇이겠는가!

성서에는 인간의 이성으로 이해하지 못할 많은 사건이 기록되어 있다. 그래서 믿을 수 없다고 한다. 조금 열린 마음을 가진 사람은 신화적인 면을 제외하고 나머지 부분만을 믿겠다고 한다.

신화란 무엇인가? 인간의 이성으로 이해할 수 없는 현상을 신을 통해서 설명한 이야기이다. 그리스 신화와 성서를 연관시키는 사람들이 있다. 근동 지방의 신화와 성서를 비교하며 설명하는 사람들도 있다. 자세히 살펴보면 성말 유사한 점들이 많이 있다. 그러나 성경은 신화가 아니다.

기독교는 '계시의 종교'이다. 유한한 인간이 무한한 하나님의 뜻을 어떻게 다 알 수 있겠는가? 인간은 하나님께서 보여주신 것만 볼 수 있고, 하나님께서 알려 주신 것만 알 수 있다. 그래서 '에라스무스'는 "나는 믿기 위해 알고, 알기 위해 믿는다"라고 했다. 믿어야지 아는 세계가 있는가 하면, 알아야지 믿을 수 있는 세계가 있다는 뜻이다. 우리는 하나님의 뜻을 알기 위한 노력도 해야겠지만, 동시에 자신의 유한성을 인정하는 겸손함도 있어야 한다.

믿음이란 무엇인가? '믿음은 바라는 것의 실상이요 보지 못하는 것의 증거이다'(히 11:1) 믿음은 미래를 현재화하는 것이고, 보이지 않는 것을 보는 것이다. 믿음이 없이는 하나님을 기쁘시게 할 수 없다. 하나님에게 나아가는 자는 하나님의 살아계심과 하나님을 찾는 자에게 상을 주시는 분이심을 믿어야 한다. <끝>

32. 요단강(Jordan River)